네덜란드에 묻다,

행복의 조건

네덜란드는 왜?

어린이 행복도가 세계에서 가장 높을까?
사람들의 평균 키가 세계에서 가장 클까?
노인 빈곤율이 세계에서 가장 낮을까?
국가 경쟁력 최상위권의 경제 강국일까?

김철수 지음

스토리존

네덜란드는 왜?

어린이 행복도가 세계에서 가장 높을까?
사람들의 평균 키가 세계에서 가장 클까?
노인 빈곤율이 세계에서 가장 낮을까?
국가 경쟁력 최상위권의 경제 강국일까?

나는 이런 질문을 시작으로 네덜란드 탐구에 나섰다. 운하 옆을 따라 자전거를 타고 달리는 네덜란드 사람이 미소를 건넨다. 자전거 앞에는 꽃 한 다발이 실려 있고 뒤에는 밝게 웃는 아이가 타고 있다. 저녁 시간, 어느 가정집의 커다란 창문으로 은은한 전등 아래 웃으며 대화를 나누는 사람들의 따뜻한 모습이 보인다. 소소한 일상에서 여유로움과 행복이 전해진다. 이처럼 20여 년간 네덜란드에 살면서 마주친 일상에 근거하여 네덜란드가 행복한 나라가 된 이유를 찾아보았다. 이 과정을 통해 낮은 땅, 풍차, 자전거, 치즈, 그리고 튤립에 가려져 있던 네덜란드의 내면을 보게 되었다. 교육, 안전, 복지, 평등이라는 국민의 행복도를 결정하는 요인, 국민 스스로 만드는 행복한 사회, 윤택한 삶을 뒷받침하는 경쟁력 있는 산업, 사람들의 생각과 삶의 방식에 영향을 끼친 자연환경과 역사, 그리고 독창적 문화에 대해 좀 더 깊게 알게 되었다. 이를 토대로 글을 써서 4년에 걸쳐 SNS에 올려 소개했고 글을 접한 분들이 관심을 갖고 호응해주었다. 이에 힘입어 독자들과 행복한 네덜란드 이야기를 공유하고자 책을 출간하게 되었다.

이 책은 네덜란드에 대해 이미 알려진, 일반적이고 개괄적인 내용을 담은 것이 아니다. 직접 경험하고 몸으로 부딪힌 실제 상황 속에서 주제를 포착하여 기술한 것이다. 주제마다 관련된 지식과 정보를 조사하고 해당 주제와 분야에 정통한 사람과 기관을 접촉하여 내용을 심화하고 정확성을 높였다. 독자들이 내용을 더 잘 이해할 수 있도록 글과 관련된 사진을 함께 담았다. 우리의 현실과 상황에 비춰보며 우리와 무엇이 같고 다른지, 그리고 우리가 이를 어떻게 적용하고 받아들여야 할지 고민해보았다.

우리는 지금 과도한 사교육과 치열한 입시 경쟁을 초래하고 있는 교육, 인명과 재산 피해로 고통을 주는 안전사고, 그리고 출산율 저하와 양육 문제와 같은. 국민의 행복한 삶과 나라의 미래를 위해 우선하여 해결해야 할 여러 현안을 안고 있다. 청년들은 치열한 대학 입시 경쟁을 거쳐 열심히 공부하고 졸업해도 취업이 어려운 청년 실업 문제에 직면해 있고 노인들은 자녀 교육과 뒷바라지에 헌신하느라 노후를 제대로 준비하지 못하고 있다. 이로 인해 노인 빈곤율은 OECD 국가 중 가장 높다. 이 책을 통해 아동기, 청년기, 장년기, 그리고 노년기별로 행복의 조건이 무엇인지 생각해보는 기회를 가졌으면 한다. 한국은 제2차 세계대전 후 독립한 국가 중 유일하게 민주화와 산업화를 동시에 이룩한 나라다. 5천만 인구에 3만 달러 소득을 달성한 국가를 지칭하는 50-30 클럽 가입을 눈앞에 두고 있다. IMF 금 모으기와 태안 기름 유출 사례에서 보듯이 협력하고 단합하는 나라다. K-POP에 매료되는 세계 젊은이들이 늘고 있다. 이처럼 한국은 정치, 경제, 사회, 그리고 문화적으로 저력을 가지고 있는 나라다. 이 책에 기술된 네덜란드 사례를 통해 우리의 저력과 장점을 살리면서 당면하고 있는 문제를 개선하여 국민이 행복한 나라가 되기를 기대해본다.

네덜란드 사람 하멜이 13년 동안 조선에서 생활하며 조선의 생활상을 기록한 <하멜 표류기>가 발간된 지 350년이 지났다. <하멜 표류기>는 조선을 유럽에 알린 최초의 유럽 책으로 유럽 사람들이 조선에 관심을 갖는 계기를 만들었다. 나는 유럽의 중심 국가이자 관문인 네덜란드에 산 경험을 토대로 네덜란드 체류기를 출간하게 되었다. 이 네덜란드 이야기가 한국 사람들이 행복한 네덜란드를 이해하고 보다 밝은 사회에서 행복한 삶을 누리기 위한 방향과 해결책을 찾는 데 도움이 되기를 바란다. 나아가 자라나는 어린이들과 청소년들이 장래의 밝고 건전한 사회에서 행복한 삶을 꿈꾸는 밑거름이 되었으면 한다. 끝으로 책이 출간되기까지 격려해주신 분들과 애써주신 많은 분들께 감사의 인사를 전한다.

2018년 6월 네덜란드에서 김철수

Contents

NETHERLANDS

Part 4
불리한 환경,
도전의 역사

Part 5
독창적 문화와
일상의 행복

드 레이프
De Rijp

암스테르담
Amsterdam

델프트
Delft

로테르담
Rotterdam

하우다
Gouda

네덜란드
Netherlands

덩케르크
Dunkerque

벨기에
Belgium

브뤼셀
Brussel

프랑스
France

독일
Germany

네덜란드
Netherlands

국명
**네덜란드왕국
(Kingdom of the
Netherlands)**

수도
**암스테르담
(Amsterdam)**

면적
41,543㎢

인구
**약 1,708만 명
(2018년 통계청 기준)**

언어
네덜란드어

통화
유로(Euro)

종교
가톨릭, 개신교

정부 형태
내각책임제

GDP
**9,453억 달러
(2018년 IMF 기준)**

홈페이지
www.government.nl

Part 1

네덜란드는 왜 행복할까? :

교육, 안전, 복지, 평등, 이 네 가지 사항은 국민의 행복을 결정하는 주요 요인이다. 우리나라는 이 네 가지 요인을 해결하고 개선해야 할 과제를 안고 있다. 국민의 행복을 결정하는 첫번째 요인인 교육은 과열 경쟁으로 인한 교육비 부담과 공부에 대한 압박으로 불행을 자초하는 요인이 되기도 한다. 네덜란드는 이 네 가지를 어떻게 해결하고 대처하여 국민의 행복도가 높은 나라가 되었는지 알아보자.

부모는 부담 없고 학생은 행복한 교육

하나

적성, 실용, 기회 균등을
바탕으로 한 교육제도

　　거스 히딩크 감독은 17세기 조선을 세계에 알린 하멜에 이어 21세기 초 한국의 역동성을 세계에 널리 알리는 데 일조한 네덜란드 사람이다. 그가 한국을 월드컵 4강에 올려놓은 비결은 무엇일까? 성실성과 실력 위주의 투명한 선수 선발, 강한 체력을 바탕으로 전술을 익히는 기본에 충실한 훈련, 계획적이고 체계적인 연습, 그리고 언론과 관련 기관과의 원만한 관계 유지가 그 비결이었다. 이러한 비결의 바탕에는 그의 실용적이고 전략적인 사고, 네 개의 언어를 구사하는 소통 능력이 깔려 있었다. 거스 히딩크의 학력은 고졸이다. 그는 고등학교까지의 교육만으로도 사회 생활을 위한 지식과 소양을 함양하여 사회의 한 분야에서 전문가로 성장할 수 있음을 보여준다. 자전거를 타고 운하 옆을 따라 달리며 일터와 학교로 향하고 일과 수업을

: 네덜란드는
  왜 행복할까?

마치면 운동하며 행복을 누리는 사람들이 사는 네덜란드의 교육제도는 어떤지 알아
보자.

네덜란드에서 고등학교 졸업 시험 결과가 나올 때쯤 주택가를 돌아다니다 보면
낯선 광경을 보게 된다. 집 앞에 국기와 함께 책가방이 걸려 있는 모습이다. 네덜란드
에서는 자녀가 고등학교 졸업 시험에 합격하면 자녀의 책가방을 국기와 함께 집 앞에
높이 걸어놓는 풍습이 있다. 자녀의 합격을 국기를 달 정도로 기뻐하고 축하하는 것
이다. 졸업 시험의 합격 여부는 학교의 내신 성적 50%와 국가에서 시행하는 시험 성
적 50%를 반영하여 결정하며 국가에서 시행하는 시험은 우리나라의 수능과 달리 여
러 날에 걸쳐 과목별로 치러진다. 졸업 시험은 순위를 정하는 시험이 아니라 일정 수
준의 학력을 갖췄는지를 평가하는 자격시험이다. 고등학교 졸업 시험에 합격하면 대
학 입학 자격이 부여된다.

네덜란드에서는 만 4세에 시작하는 8년간의 초등교육을 마치면 선생님의 의견과
적성검사를 통해 중등교육을 위한 진로를 결정한다. 중등교육은 기술 직업을 준비하
는 4년제 VMBO와 관리자를 양성하는 대학 입학을 준비하는 5년제 HABO, 전문직
과 학문 탐구를 위한 대학 입학을 준비하는 6년제 VWO 과정이 있다. 4년제 VMBO
를 마쳤지만 관리자가 되고 싶다면 HABO 4학년에 편입하여 2년을 더 공부하면 된
다. 어린 나이에 진로를 정하지만 과정 사이에 이동이 가능하기 때문에 누구나 미래
를 바꿀 기회가 있다.

우리의 대학에 해당하는 네덜란드 고등교육은 Hoge(High) School과 University
로 구분된다. Hoge School은 HABO를 마치고 입학하는 대학으로 관리자 양성을 위
해 산학 협동 과정을 운영하며 실무 교육에 중심을 둔다. VWO를 마치고 입학하는

University는 전문직 양성과 학문 탐구를 목표로 한다. 네덜란드 전체에 Hoge School 은 59개가 있고 University는 13개가 있다. 고등학교 졸업생 중 대략 40%가 HABO 출신, 10%가 VWO 출신이며 이들이 각각 Hoge School과 University에 입학한다. 대학 입학생 중 50% 정도만 졸업하기 때문에 고등학교 졸업자 중 대학 졸업자는 25% 수준이다.

네덜란드 사람들은 자녀가 고등학교 졸업 시험에 합격한 것만으로도 축하하고 기뻐한다. 네덜란드 대학은 공부하고자 하는 학생들에게 기회를 주기 위해 누구에게나 열려 있지만 학업 양이 많고 엄격한 학사 관리 때문에 졸업은 어렵다. 대학은 전공 공부를 계속하기 위한 단계일 뿐 어느 대학에 입학하는지는 중요하게 생각하지 않는다. 자녀의 고등학교 졸업이라는 소박한 성취에 기쁨을 얻고 대학 간판이 아닌 실력을 중시하는 네덜란드 교육은 대학 입학을 위해 부모는 노심초사하고 아이들은 공부에 시달리는 우리의 교육 현실과 대비된다.

공부와 운동이 조화된 교육

네덜란드는 어린이 행복 지수가 세계에서 가장 높은 나라다. 네덜란드 학생들은 학교 수업이 끝나면 보충 수업을 받거나 학원에 가는 것이 아니라 좋아하는 스포츠나 취미 활동을 한다. 원칙적으로 초등학교는 숙제와 책가방이 없다. 유소년 때부터 스포츠 클럽에 가입하여 동네 스포츠 센터에서 운동을 하거나 취미를 즐긴다. 학교 대항 시합은 없고 정기적으로 클럽 간 경기를 진행한다. 일반적으로 하듯 토너먼트 대항으로 순위를 결정하지 않고 리그 경기를 통해 우수한 선수를 발굴한다. 한 번의 시험과 시합으로 당락과 순위를 결정하는 것이 아니라 꾸준한 학습과 경기를 통해 적성과 실력을 평가한다.

학교에 갓 입학한 만 4세, 초등학교 1학년이 가장 처음 배우는 것은 바지와 점퍼의 지퍼를 끼우는 방법과 신발 끈을 묶는 방법이다. 자립심과 독립심을 가장 먼저 배우는 것이다. 초등학생들은 학교와 걷기 협회에서 주관하는 걷기 대회에 참여해 저학년은 5km, 고학년은 10km를 걷는다. 저학년은 부모나 가족과 함께, 고학년은 혼자 참여한다. 완주한 학생은 메달을 받고 성취감과 자긍심을 경험하게 된다. 1950년대부터 시작된 걷기 대회에 참가한 할아버지, 아버지, 그리고 손자는 완주 메달을 간직하며 가족의 자랑으로 여긴다. 초등학교 시절에 이룬 성취를 자연스럽게 공유하고 계승하는 것이다.

중고등 학생들은 축구나 하키 같은 구기 종목 클럽에 가입하여 정기적으로 연습하고 시합하며 협동심을 쌓는다. 이처럼 공부와 운동이 조화된 교육을 받은 네덜란드 학생들은 공부에 대한 큰 스트레스 없이 행복한 학창 시절을 보낸 후 대학에 진학해 학업을 이어가거나 사회에 나가 진로를 개척한다. 시험을 보기 위한 주입식 학습이 아닌, 이론, 운동, 그리고 실용성이 조화된 교육으로 독립심, 성취감, 자긍심, 협동심을 자연스럽게 키운다. 네덜란드 학생들은 18세가 되면 부모에게서 독립하고 대학에 진학하면 정부에서 주는 학비와 생활 보조금으로 생활한다. 추가로 필요한 경비는 스스로 해결한다. 결혼을 할 때도 은행 장기 융자인 모기지로 집을 사거나 임대하고 혼수는 필요한 것만 장만하여 삶을 꾸려나간다.

우리나라에서는 한 아이가 성인이 되기까지 부모의 적극적인 도움이 필요하다. 대학 입학 경쟁에서는 물론 대학 졸업 때까지 부모의 지원이 필요하고 결혼할 때도 부모의 경제적 지원을 필요로 한다. 부모 또한 자녀의 성공과 실패를 독립적으로 보지 않고 자신의 일인마냥 관여하여 자녀의 독립 의지를 약화시킨다. 어렸을 때부터 공부와 운동의 조화로 독립심과 자긍심을 키우고 18세가 되면 자립하는 네덜란드의 양육과 교육에서 부러움과 씁쓸함을 느끼게 된다.

부담 없는 음악교육과
무료 음악회

    네덜란드에는 피아노가 있는 집이 드물다. 대신 정규 학교와 별도로 지방 자치 단체가 운영하는 음악 학교가 동네마다 있다. 자녀가 음악을 좋아하고 악기를 배우고 싶어 하면 정규 학교 수업 후에 음악과 악기를 가르치는 음악 학교에 보낸다. 독특하게도 음악 학교의 비용은 부모의 소득에 따라 차등화되어 가계에 부담이 없는 수준이다. 사설 음악 교습소도 있으나 부모들은 음악 학교를 더 선호한다. 재능이 있고 열의가 있는 학생은 음악 학교 선생님의 추천으로 지역 내 오케스트라와 협연도 하고 심화 지도를 받는다. 이후 전문 음악 학교에 진학하여 음악도로 성장하기도 한다.

    네덜란드의 암스테르담과 로테르담 같은 도시에서는 점심시간에 무료 음악회를 연다. 무료 음악회라고 해서 간단한 음악회가 아니다. 암스테르담의 점심 음악회는 네덜란드 음악의 전당이자 훌륭한 음향 시설을 갖춘 세계 3대 콘서트홀 중 하나로 손꼽히는 콘서트헤바우Concertgebauw에서 열린다. 암스테르담 점심 음악회는 보통 수요일 12시 30분부터 1시까지 30분간 열리며 간혹 금요일에 열리기도 한다. 440석 규모의 작은 홀에서 주로 열리지만 오케스트라 연주회처럼 연주자가 많은 음악회는 2,300석 규모의 메인 홀에서 열린다.

점심 음악회에는 네덜란드 사람뿐만 아니라 관광객도 많이 찾아온다. 작은 홀에서 열리는 날에는 수용 인원보다 관람을 희망하는 사람이 많아 11시 30분부터 배포하는 입장권을 받아야 입장이 가능할 정도다. 보통 10시 30분부터 기다려야 선착순으로 배포되는 입장권을 받을 수 있으며 입장하지 못한 사람들은 로비에서 모니터로 음악회를 관람한다. 점심 음악회가 메인 홀에서 열릴 때는 좌석이 충분하여 입장권이 없어도 관람이 가능하다.

네덜란드의 점심 음악회는 음악에 관심 있는 학생들과 일반인들이 음악을 쉽게 접하는 계기를 제공한다. 아울러 음악도나 장차 음악가가 될 학생들에게는 관객 앞에서 공연하는 경험을 쌓을 수 있는 기회를 제공한다. 네덜란드 음악 학교는 부모의 경제적 부담 없이 아이들이 음악과 악기를 배울 수 있는 음악교육제도다. 점심 음악회는 파트타임과 선택 근무로 시간을 낼 수 있는 네덜란드 사람들에게 음악을 접할 기회를 제공한다. 하지만 한국은 대도시의 바쁜 일상과 짧은 점심시간 때문에 점심 음악회의 실효성이 떨어진다. 신축적인 점심시간 운영이나 여러 가지 아이디어로 일반인을 위한 음악회가 활성화되어 일과 삶이 조화를 이루는 하나의 계기를 주었으면 한다.

과학 강국을 만든
과학교육

암스테르담 중앙역 인근에 NEMO 과학관이 있다. NEMO 과학관은 어린이를 위한 과학관으로 1997년 운하 옆에 건립되었다. 뱃머리가 바다를 향해 있는 배 모양의 5층짜리 초록색 건물은 마치 항해를 준비하는 배를 연상시킨다. 역사적으로 보면 네덜란드는 바다로 나가 황금기를 만들었고 강국으로 발돋움했기 때문에 배는 성장과 발전을 의미하는 상징이다. 현재와 미래에 과거의 배에 해당하는 과학과 기술을 통해 세계로 나가는 강국이 되자는 의미를 담고 있다. NEMO 과학관은 단지 과학과 기술에 관한 내용을 전시하고 알려주는 곳이 아니다. 어린이들이 체험을 통해 과학과 기술에 친숙해지도록 만드는 생생한 교육 현장이다. 오늘도 어린이 단체 관람객이 체험 학습을 하며 과학관을 채우고 있을 것이다.

노벨 과학상 수상자의 나라를 인구수를 고려해 계산해보면 네덜란드는 스위스와 스웨덴에 이어 세계 3위다. 일상생활에서도 네덜란드 사람들이 발명한 기계나 기술을 쉽게 접할 수 있다. 17세기에 렌즈 수리공이었던 레벤후크Antonie van Leeuwenhoek는 렌즈를 가공하다 현미경을 발명했다. 현미경의 발명으로 동시대 네덜란드의 한 과학자가 박테리아를 발견했고 이후 19세기에는 네덜란드 과학자가 바이러스를 발견했다. 17세기에 천문학자인 호이겐스Christeiaan Huyens는 망원경을 발명했고 망원경을 이용하여 토성의 띠를 발견했다. 그래서 1997년 지구를 떠나 토성의 비밀을 파헤치러 간 카시니-호이겐스 탐사선에 호이겐스의 이름이 붙기도 했다. 이밖에도 자명종 시계, 잠수함, 비타민, CD/DVD, 인공 신장 등이 네덜란드 사람들의 발명품이다.

렌즈에 대한 관심과 열정으로 현미경을 발명하고 현미경으로 박테리아를 발견하여 의학 발전에 이바지했다. 망원경 덕분에 네덜란드 사람들은 자신 있게 바다를 누빌 수 있었고 해외 개척을 촉진했다. 나아가 우주에 대한 호기심까지 확산시켜 천문학의 초석을 놓았다. 이처럼 네덜란드 사람들에 의한 발명과 발견은 인류의 과학과 기술을 한 걸음 더 발전시키는데 큰 역할을 했다. 이들의 과학과 기술 발전에는 역사를 통해 얻은 자신감이라는 바탕이 있었다. 16세기 최고 강대국이었던 스페인을 무찌르고 독립을 쟁취한 신생 네덜란드 공화국은 스페인이 하는 것은 우리도 할 수 있다는 자신감으로 충만했다. 해상 강국이었던 스페인처럼 바다로 나가 세계를 개척했고 왕국이 아닌 공화국 체제였기에 각 지역 간 서로 다른 의견을 존중하고 토론하는 문화가 싹텄다. 종교 탄압을 받는 유럽의 선각자들을 받아들여 새로운 사상과 과학적 견해를 자유롭게 표출하고 교환했던 것도 네덜란드의 과학과 기술이 발전한 요인 중 하나다.

네덜란드의 지리적 크기는 우리나라의 절반밖에 되지 않는다. 반면에 네덜란드 사람들이 활동하는 공간은 전 세계다. 나아가 네덜란드 사람들의 생각의 크기는 현미경으로 보는 미세한 세계부터 망원경으로 보는 우주까지 무한대다. 우리나라도 지리적 영역은 협소하지만 세계 7대 무역 강국이며 우리의 활동 무대 또한 전 세계다. 독창적이고 과학적인 언어인 한글을 사용하고 인쇄술을 세계 최초로 발명했을 정도로 과학적인 사고를 갖추고 있다. 2015년에 일본이 두 개의 노벨 과학상을 추가하고 중국이 최초로 과학상을 수상했다. 일본은 기초과학 학자층이 두껍고 정부 산하에 노벨상 전담 부서가 있을 만큼 노벨상에 관한 관심과 노력이 크다. 기초과학은 오랜 시간에 걸쳐 성과가 나오는 만큼 사고의 범위를 넓히고 차근차근 준비하여 노벨 과학상에서 일본과 경쟁하는 날이 오기를 기대한다.

자율을 존중하는
더치 맘

네덜란드의 엄마들은 자녀들을 자전거로 등하교도 시키고 함께 움직인다. 힘들 것 같은데도 부지런하게 아이들과 자전거를 타는 모습을 보면 대단하다는 생각이 든다. 전 세계의 엄마들을 자녀 교육과 양육 방식에 따라 엄격한 타이거 맘, 자녀 주위에서 맴돌며 헌신하는 헬리콥터 맘, 그리고 자율을 중시하는 북유럽의 스칸디 맘으로 구분하고 있다. 네덜란드의 교육 환경과 양육 방식을 보면 더치 맘은 스칸디 맘에 속한다. 그러나 더치 맘은 학업에 있어서는 자녀의 자율을 존중하지만 인성 교육은 적극적으로 관여하며 중시한다.

자녀 교육에 열성적이고 헌신하는 한국 엄마들은 어떤가? 타이거 맘이나 헬리콥터 맘에 가깝다. 타이거 맘이나 헬리콥터 맘은 스칸디 맘보다 엄마 노릇하기가 힘들고 어렵다. 공부와 적성에 따라 학교에서 진로를 결정하고 자녀와 대화하며 자기 생활 갖고 우아하고 낭만적인 삶을 사는 스칸디 맘에 비해 한국 엄마들은 새벽부터 밤 늦게까지 자녀 뒷바라지에 집안일, 또는 맞벌이까지 하며 바쁜 삶을 살고 있다.

한국 엄마들도 스칸디 맘이 되고 싶겠지만 엄마의 정보력이 성적과 대학에 중요하다는 인식이 있고 학교 엄마 모임에서도 아이 성적순대로 서열이 정해지는 현실에서는 타이거 맘이 될 수밖에 없다. 타이거 맘이 자녀의 행복을 위해 학업 성취에 우선을 둔다면 더치 맘은 사회인으로 원만히 살아가기 위한 인성과 예절에 우선을 둔다. 코리아 맘은 타이거 맘과 더치 맘의 장점을 살려 학업과 인성에 균형을 맞춘, 양육과 교육에 적극적이면서 자신의 삶도 즐길 줄 아는 맘이 되었으면 한다. 미국의 전 대통령 오바마가 한국 발전의 원동력으로 한국 교육을 자주 언급했듯이 한국 교육에도 장점이 있다. '코리아 맘'이라는 단어가 자녀의 행복은 물론 적극적으로 자신의 행복을 추구하는 자녀 교육 방식을 뜻하는 말로 소개되는 날이 오길 바란다.

아빠는 어떤가? 네덜란드 아빠는 축구 또는 놀이터 대디다. 평일에 일찍 퇴근하거나 파트타임 근무로 오후에 시간을 내어 아이들과 축구를 하거나 놀이터에서 같이 놀아준다. 한국에는 "자녀 교육의 세 가지 성공 요인은 엄마의 정보력, 할아버지의 재력, 그리고 아빠의 무관심이다"라는 말이 있다. 한국 교육의 왜곡된 현실을 빗댄 우스갯소리다. 아빠의 역할은 그저 묵묵히 돈만 벌면 된다는 인식이 깔려 있어 씁쓸하다. 기러기 아빠의 의미가 세계에 알려지면서 국제적인 신조어가 되었다. 한국 아빠도 더치 대디와 같이 자녀 교육에 동참하면서 가족과 함께 행복한 아빠가 되었으면 한다.

어린이 안전 교육과 학대 예방

둘

자격증을 주는
어린이 안전 교육

우리나라도 초등학교 주변에는 서행 표시와 어린이 안전 표시, 방지 턱 등이 있지만, 네덜란드에서는 한 가지 장치를 더한다. 차가 다니는 길옆에서 아이들이 놀고 있으면 'SLOW'라고 적힌 연두색 플라스틱 인형에 깃발을 꽂아놓는 것이다. 운전자에게 아이들이 놀고 있으니 속도를 줄이라는 주의를 주는 것이다. 제한 속도 표시, 과속 방지 턱에 이은 세 번째 안전장치다. 아이가 있는 집 부모들은 집 앞이나 동네 입구에 이러한 인형을 설치해둔다.

네덜란드는 어린이의 안전을 지키기 위해 다양한 방향으로 접근하고 규칙을 정한다. 어른이 어린이를 보호하는 것도 중요하지만 어린이들에게 안전에 대해 가르치는 것도 중요하게 생각한다. 네덜란드 어린이들은 교육과정을 통해 세 종류의 안전 자격증을 딴다. 첫 번째는 수영 자격증이다. 옷을 입고 신발을 신은 채로 물속 장애물을 통과한 후 일정 거리를 수영하면 가장 높은 단계의 자격증을 딴다. 두 번째는 학교에서 교육을 받은 후 따는 자전거 자격증이다. 성인들이 운전면허를 따는 것처럼 실기시험과 필기시험을 보고 자격증을 딴다. 필기시험은 보행자와 다른 대중교통 사이에서 어떻게 안전을 지키며 자전거를 타야 하는지에 초점을 맞춰 실제 발생하는 상황이 담긴 사진을 보며 시험을 치른다. 마지막으로 역시 학교에서 교육을 받은 후 따는 교통 법규 자격증이 있다.

수영 자격증 획득 과정을 통해 수영 기술뿐만 아니라 자연재해에 대한 인식을 고취하고 통제에 따르고 생존하는 능력을 터득한다. 자전거와 교통 법규 자격증 과정을 통해 규정을 준수하는 준법정신과 자신은 물론 타인의 안전 의식까지 고취한다. 위키피디아에 따르면 2012년 교통사고로 목숨을 잃은 사람의 수가 한국은 6,671명이고 네덜란드는 650명이다. 네덜란드 인구는 1,600만 명이니 한국과 같은 5,000만 인구로 가정하여 비교해도 한국의 사망자가 네덜란드보다 세 배는 더 많다.

교통사고는 사랑하는 사람을 잃은 슬픔과 정신적 고통에 더해 사망자와 비슷한 비율로 발생하는 부상자 치료를 포함한 사후 수습에 따른 경제적 손실까지 있어 무서운 인적 사고다. 자신의 안전은 물론 타인의 안전까지 고려해야 안전한 사회가 될 수 있다. 네덜란드는 이 점을 파악하고 다양한 규정과 학습으로 안전사고를 경계하고 안전 의식을 고취시킨다. 어렸을 때부터 고취한 안전 의식은 생활 속에 자연스럽게 배어 더 안전한 사회를 만들어준다.

어린이 안전과
학대 예방 대책

어린이가 행복한 나라, 네덜란드에는 의외로 어린이날이 없다. 가정에서는 일 년 내내 어린이를 우선으로 생활하고 사회가 어린이 위주로 움직이기 때문에 특별히 어린이날이 필요하지 않은 것이다. 네덜란드 여성 대부분은 직장 생활을 하지만 육아를 위해 시간제 근무를 선호한다. 남성들도 30% 정도는 시간제 근무다. 부부가 육아를 분담하며 근무 시간은 유아원이나 학교 시간에 맞춰 조정한다. 당연한 이야기지만 아이는 부모의 소유물이 아닌, 부모의 몸을 빌려 태어난 독립된 인격체이기에 한 명의 인간으로 대우하고 존중한다. 강요나 체벌이 아닌 자율과 대화를 통해 자녀를 양육한다. 이렇게 어린이를 존중하는 가정과 사회, 그리고 어린이를 돌보는 제도가 네덜란드 어린이들을 세계에서 가장 행복하게 만들고 있다.

네덜란드의 의료 기관은 병을 치료Cure하는 병원과 건강과 안전을 관리하여 병과 사고를 예방Care하는 건강 센터로 나뉜다. 건강 센터는 약어로 GGD라고 부른다. 건강 센터는 0세에서 23세 사이 아동과 학생의 건강과 안전을 관리하는 기관으로 특히 아동의 건강과 안전을 세심하게 관리하고 있다. 건강 센터는 지역별로 설립되어 있으며 지역 내 등록된 아동과 학생들의 신체적·정신적 건강 관리는 물론 통학에 따른 안전 문제와 공해를 포함하는 주거 환경까지 관리한다.

네덜란드에는 임산부가 요청하는 시점부터 출산 후 6주까지 산파Midwife가 지정되는 의료 제도가 있다. 산파는 아기와 산모의 육체적인 건강뿐만 아니라 산모의 산후 우울증과 같은 정신 건강도 확인하고 이상이 있으면 가정의에게 통보한다. 아기가 태어나면 건강 센터에서 아기의 건강과 안전 관리 업무를 맡게 된다. 건강 센터에서는 아기가 만 5세가 될 때까지 주기적으로 건강 센터에 와서 건강 검진과 예방 주사를 맞도록 체크하고 부모가 아이를 데려오지 않거나 검진 시 이상이 발견되면 조사와 관찰을 시작한다. 아동 소재지 관할 관청에는 아동이 제때에 학교에 입학하고 교육을 받는지를 관리하는 전담 직원이 있다. 네덜란드에서는 만 4세가 되면 초등학교에 입학하며 입학해야 할 나이의 아이가 학교에 입학하지 않으면 전담 직원이 조사에 나선다. 초등학교에서는 선생님들이 아이의 가정생활이 원만한지를 관찰하고 건강 센터에서 만든 설문지를 주기적으로 부모에게 작성하게 하여 아이를 올바르게 양육하는지를 확인한다. 14세 이상의 학생은 학생이 직접 설문지를 작성한다. 관찰이나 설문지를 보고 학대와 같은 이상 징후가 있으면 선생님이 학교별로 학생들의 건강을 전담하는 건강 센터 소속 간호사와 의사에게 연락한다. 어린이와 학생을 보호하기 위한 기본적인 사회제도가 정립되어 있기에 네덜란드 아이들은 아동 학대나 만약 생길 수도 있는 위협으로부터 보호받고 있다.

"어린이는 우리의 희망이자 미래"라는 틀에 박힌 말이 있다. 하지만 과연 우리는 어린이들에게 기대는 하면서 그 기대에 어긋나지 않도록 보호해주고 있을까 의문이 든다. 네덜란드 어린이들은 가정에서, 건강 센터, 학교, 관할 관청, 그리고 가정의까지, 유기적으로 연결되어 협업하는 기관이 구축된 사회제도 아래에서 건강하고 안전하게 생활하고 있다. 하지만 우리나라는 정부기관이나 학교의 역할이 미비하여 끼니조차 해결되지 않는 양육, 학대, 성범죄, 가족 동반 자살 등의 위험에 아이들이 그대로 노출되어 있다. 위험에 노출된 환경에서 자란 아이들의 불안정한 심리 상태도 파악하지 못하는 실정이다. 변화하는 현대사회 속에서는 한 부모 가정과 재혼 가정이 증가하고 있기에 부모에게만 양육 책임을 지울 수는 없다. 우리 아이들 모두 존중과 사랑을 받고 촘촘하게 건강과 안전을 지켜주는 제도가 정착되어 행복하게 생활하며 성장하기를 바란다.

규정을 지키는 교통 문화와 근본적인 재해 대책

셋

우선순위를 준수하는
교통 문화

    네덜란드에서 차를 운전할 때는 세 가지 우선순위를 지키며 운전을 해야 한다. 먼저 오른쪽에서 나오는 차가 우선으로 운전자는 오른쪽에서 차가 나오는지 항상 주시해야 한다. 둘째, 주행하는 도로에 주황색 다이아몬드 표지판이 있으면 오른쪽에서 나오는 차보다 직진하는 차가 우선이다. 직진하는 운전자가 포커의 다이아몬드 패를 가져서 오른쪽에서 나오는 운전자를 이긴다는 의미가 담겨 있다. 마지막으로 도로 전방에 역삼각형 표지판이 있으면 서행하며 도로 바닥에 하얀색 역삼각형이 표시된 곳에서 정지해야 한다. 도로를 가로질러 그려진 하얀색 역삼각형은 상어 이빨로 불리며 상어 입속으로 들어가지 말라는 의미이다. 즉, 상어 이빨은 다이아몬드에 우선하고 다이아몬드는 오른쪽에 우선한다. 물론 상어 이빨도, 다이아몬드도,

오른쪽도 불시에 나타나는 구급차와 소방차에게는 꼼짝하지 못한다. 일반적인 좌회전과 우회전은 신호등에 녹색 화살표로 표시해준다.

매년 한국을 방문할 때마다 교통 문화가 변하고 있음을 느낀다. 지하철과 버스는 질서 있게 승차하고 버스 기사와 승객이 인사를 주고받는 모습도 종종 보게 된다. 서울은 교통카드 하나로 지하철과 버스를 연계하여 탈 수 있어 그 어느 도시보다도 교통이 편리하다. 그러나 우리나라는 교통사고율이 OECD 국가 중 가장 높을 정도로 다른 분야에 비해 교통 문화가 뒤떨어져 있다. 한국 사람들은 항상 서로 이해하고 양보하며 살아야 한다고 말하지만 운전대만 잡으면 힘이 들어간 눈으로 정면의 신호등만 응시하고 옆 차의 운전자에게 서슴없이 육두문자를 내뱉는다. 보복 운전, 음주 운전과 같은 범죄도 많다. 혹시 한국 사람에게는 자동차 시동 소리를 듣는 순간 성격이 바뀌는 비밀이 있는 것일까 싶은 의구심까지 든다.

약자를 배려하는
더치 리치

     네덜란드에서 차 문을 열 때는 문에서 먼 쪽 손으로 문을 연다. 이렇게 차 문을 여는 방식을 더치 리치Dutch Reach라 하며 네덜란드의 특화된 교통 문화다. '닿는다' 또는 '도달한다'는 'Reach'의 원래 의미대로 더치 리치는 손이 차 문에 닿는다는 뜻이다. 더치 리치는 '치'로 끝나는 두 단어의 리듬감이 더해져 기억하기 쉬워서 더치페이와 같이 네덜란드의 문화로 세계에 전파되었다. 더치 리치는 보행자와 자전거를 보호하기 위한 운전 문화다. 공해 방지와 건강 증진을 위해 자전거 타기를 장려하는 나라가 늘어나면서 자전거 운전자를 보호하는 더치 리치가 새삼 주목을 받으며 인터넷과 매스컴을 통해 소개되고 있다.

     네덜란드에서 자전거는 레저보다 일상생활을 위한 운송 수단이다. 직장에 출퇴근하고 사람을 만나고 등하교하고 장을 볼 때 자전거를 이용한다. 네덜란드를 여행하다 보면 이처럼 자전거를 타고 힘껏 페달을 밟으며 분주히 이동하는 사람들을 곳곳에서 볼 수 있다. 특히 암스테르담과 같은 대도시에서 자전거를 타는 사람들은 도시의 바쁜 삶 때문에 좁은 길에 전차, 자동차, 사람이 뒤섞여 이동하다 보니 자신이 가는 자전거 길을 가로지르는 관광객에게 경적을 울릴 정도로 바쁘게 이동한다.

자전거를 타는 사람들이 늘어나고 바쁘게 이동하다 보니 자전거 사고가 많아졌다. 자전거 인명 사고 중 가장 비율이 높은 사고는 자전거 길을 따라 주정차한 차에서 운전자나 동승자가 차 문을 열 때 뒤에서 달려오는 자전거와 부딪히는 사고였다. 이후 몸을 돌려 자전거가 오는지 살필 수 있도록 차 문에서 먼 쪽 손으로 차 문을 열자는 캠페인이 전개되었고 하나의 교통 문화로 자리 잡았다. 더치 리치는 큰 운송 수단인 자동차가 사고 시 피해가 큰 작은 운송 수단인 자전거를 배려하는 정신에 기초한 교통 문화다.

네덜란드에 더치 리치라는 교통 문화가 있다면 영국은 원형교차로인 라운드 어바웃Round About, 그리고 핀란드는 소득에 따른 교통 범칙금 제도가 유래한 나라다. 라운드 어바웃은 교차로에 먼저 진입한 차가 먼저 지나가도록 양보하는 문화이며 핀란드의 차등 교통 범칙금 제도는 상류층의 사회적 책임에 근거하고 있다. 네덜란드, 영국, 그리고 핀란드는 유럽에서도 교통사고율이 낮은 나라들이다. 네덜란드의 배려, 영국의 양보, 그리고 핀란드의 책임 정신에 근거한 교통 문화가 이들 나라를 교통 문화 선진국으로 만들었다. "내가 먼저"가 아닌 "내가 먼저 배려한다"가 선진화된 교통 문화를 정착시키는 초석이다.

트럭
안전 운행 규정

　　네덜란드를 포함한 유럽에서는 크게 세 가지 규정을 정해 트럭 안전 운행을 지킨다. 먼저 운전자의 충분한 휴식을 강제로 규정하고 있다. 운전자는 하루 24시간 중 열한 시간은 연속해서 쉬어야 한다. 남은 열세 시간 중 아홉 시간만 운전할 수 있고 연속해서 네 시간 반을 운전한다면 반드시 45분은 쉬어야 한다. 나머지 시간은 화물을 싣고 내리는 대기 시간이다. 아울러 주 5일을 일하면 48시간 쉬어야 하고 24시간은 트럭이 아닌 집이나 호텔에서 쉬어야 하는 규정을 신설했으며 2017년 12월 네덜란드에서 처음으로 시행했다. 휴식 시간 준수 여부 또한 교통경찰이 바로 확인할 수 있다. 운전석에 설치된 컴퓨터의 운행 기록으로 확인하며 28일 전까지의 기록을 확인할 수 있다.

두 번째는 트럭의 안전 운행 장치이다. 유럽에서 운용되는 트럭은 최대 시속 90km까지만 주행할 수 있도록 설계되어 있다. 화물을 싣는 공간은 철제나 견고한 재질의 커버로 밀폐된 박스 형태이며 밀폐된 적재 박스 안에 화물을 묶고 고정하기 때문에 운송 중에 화물이 도로에 떨어지는 일이 없다. 트럭의 차고가 높아 승용차가 트럭 바퀴 사이에 끼이는 사고를 방지하기 위해 바퀴 사이 측면 공간에 철재 차단 막대를 장착하고 트럭 후면과 전면에도 차단 판을 설치한다.

마지막으로 도로 운송 규정이다. 유럽 주요국은 승용차 안전을 위해 통행량이 많은 휴가철 6월과 9월 사이 토요일 오후 두 시 또는 세 시부터 일요일 밤 열 시까지는 트럭을 운행할 수 없다. 고속도로 통행료는 시간대와 상관없이 같아서 통행료 절감을 위해 새벽 시간에 운행하는 일은 없다. 하지만 유럽은 많은 나라가 연결되어 있어 각국의 도로에서는 여러 나라 운송 회사에 소속된 운전자가 섞여 운전한다. 동유럽 회사에 소속된 운전자는 서유럽 회사 소속 운전자보다 급여와 복지 수준이 낮다. 이로 인해 동유럽 운전자들이 물가가 비싼 서유럽에서 충분히 휴식을 취하지 못하는 상황도 발생한다. 따라서 EU에서는 사고 방지를 위해 국적에 상관없이 급여와 복지 수준을 맞추는 규정을 시행할 예정이다.

2017년 11월 남해고속도로에서 터널을 빠져나온 트럭이 승용차들과 연속 추돌하는 사고가 있었다. 제대로 결박하지 않은 인화 물질을 담은 통에 불이 붙으며 떨어져 승용차들을 덮쳤고 여러 사람이 목숨을 잃고 다쳤다. 한국 트럭 운전사들은 충분히 쉬지 못한 채 열악한 환경에서 수익을 내야 하기 때문에 과속으로 고속도로를 질주한다. 제대로 결박하지 않은 화물은 그대로 노출되어 있고 추돌을 피하려고 급정거를 하면 화물이 운전석을 덮치기 때문에 추돌을 감행할 수밖에 없다고 한다. 운전자

의 충분한 휴식, 그리고 안전 규정 강화는 물류비 상승을 수반하지만 사고로 인한 직
간접 사회 비용과 트럭이 주는 불안감에 따른 정신적 비용을 고려하면 우리나라에도
유럽의 트럭 안전 운행 규정이 꼭 적용되어야 한다고 생각한다.

: 네덜란드는
왜 행복할까?

최악의 비행기 사고에서
얻은 교훈

        네덜란드는 항공 역사상 가장 많은 희생자를 낸 최악의 항공 사고 당사국이라는 비극의 역사를 가지고 있다. 1977년 3월 27일 대서양의 조그만 섬 테네리페의 안개 낀 공항에서 네덜란드의 KLM 747기가 이륙을 위해 활주로를 내달렸다. 이때 정면에서 다가오는 미국의 팬암 747기를 보고 KLM기는 급히 이륙을 시도하고 팬암기는 옆으로 기수를 돌렸다. 그러나 이륙 속도를 내지 못한 KLM기의 접히지 않은 랜딩 기어와 엔진이 팬암기의 상부와 충돌하면서 KLM기는 공중에서 폭발하고 팬암기는 화염에 휩싸였다. 이 사고로 KLM 탑승자 248명 전원과 팬암기 탑승자 396명 중 335명, 총 583명이 목숨을 잃었다.

        당시 KLM기의 기장은 KLM 광고에 모델로 출연했을 정도로 KLM을 대표하는 베테랑 조종사였으며 KLM 광고의 슬로건은 '시간 엄수'였다. 최종 목적지인 라스팔마스 공항에 문제가 생겨 테네리페 섬에 임시 기착한 상황에서 안개까지 발생해 상당한 시간이 지연되고 있었다. KLM 기장은 시간 엄수라는 회사 방침을 최대한 지켜야한다는 심리적 부담감과 장시간 대기로 인한 조급함 때문에 관제탑의 "You can stay"를 "You can start"로 잘못 알아듣고 출발 지시를 내린 것이다. 이때 기장은 조종석에 있던 다른 승무원의 재확인 요구를 무시하고 출발을 강행했다. 베테랑 조종사라는 자기 과신과 권위적인 분위기로 인한 오판이었다. 또한 팬암기는 135도를 틀어야 빠질수 있는 대기 활주로로 가라는 관제탑의 지시를 받았으나 747기가 135도로 틀기에는 무리여서 그다음 45도로 된 대기 활주로로 빠지기 위해 직진했다. 관제탑과 두 항공기 조종석, 삼자 간 교신에 문제가 생긴 상태에서 안개로 인해 직접 확인을 하지 못하는 상황까지 겹쳐 서로 상대방이 상황을 정확하게 통제하고 있다고 믿은 것이다. 이후 관제탑과 조종석 간의 교신 규정이 강화되었고 KLM은 '시간 엄수'라는 슬로건 대신 '안전제일'로 회사 방침을 바꾸었다.

2005년 일본에서는 초 단위로 관리되는 도착 시각을 맞추기 위해 기관사가 곡선구간에서 과속을 하여 90명이 목숨을 잃는 철도 사고가 발생했다. 시간을 지켜야 하는 건 중요한 일이지만 시간 엄수는 안전이 확보된 시스템 아래에서 지켜져야 하며 기장, 기관사, 선장의 과신에 따른 판단으로 지켜져서는 안 된다. 우리나라 KTX의 시간 지연 시 보상 제도 또한 확고한 안전 보장을 전제로 해야 하며 지연 시 기관사에게 지연 사유를 묻는 심리적 부담감을 주어서는 안 된다고 생각한다.

자연재해 재발을 막는
대책과 실행

평범해 보이는 암스테르담의 한 공원에 높은 나무 말뚝이 서 있다. 말
뚝 맨 위에는 1953이라는 숫자가 쓰여 있고 이 숫자가 쓰인 위치는 5m가 넘는다. 말
뚝에 표시된 1953은 1953년에 홍수가 발생하여 물이 그 높이까지 찼다는 표시다. 공
원이 있는 지역인 암스테르담과 스히폴 공항의 지표면은 해수면보다 평균 4.5m가 낮
은데 1953년 이 일대에 홍수가 나면서 평소 바닷물 높이보다 더 깊게 잠겼던 것이다.

1953년 1월 31일부터 2월 1일까지 북해에서 해일 폭풍이 발생했다. 폭풍을 동반
한 해일이 네덜란드 해안을 강타하여 해안 방파제 100km가 붕괴되었고 바닷물이 순
식간에 육지로 밀려들었다. 미처 대피하지 못한 수천 명이 목숨을 잃고 수만 마리의
가축이 떼죽음을 당했다. 오랜 시간 물을 퍼내야 했고 바닷물에 잠겼던 육지는 소금

기가 남아서 수년간 농사를 지을 수 없었다.

이후 네덜란드는 일명 '델타 프로젝트Delta Project'를 수립하고 실행에 옮겼다. 바다, 강, 운하의 제방을 높고 튼튼하게 보강하고 개폐식 댐을 건설하여 강력한 홍수와 해일에 대비하는 프로젝트였다. 한 번의 자연재해가 반복되지 않도록 대비를 한 것이다.

국토를 개조하다시피 한 근본적인 자연재해 방지 대책과 물 관리 시스템 구축 덕분에 1992년 라인강이 범람할 정도로 비가 많이 내린 적도 있었지만 1953년 대홍수 이후 큰 인명 피해와 재산 손해를 입는 재난은 발생하지 않았다.

한국은 여름철에는 집중 호우로 침수된 농경지를 보며 허탈해하고 겨울철에는 폭설로 인해 허물어진 비닐하우스를 보며 낙담하는 농민들의 모습과 이를 복구하기 위해 동원된 군인들을 보여주는 뉴스가 매년 반복되고 있다. 모든 지역에서 자연재해를 완벽하게 대비할 수는 없더라도 최대 예상 폭설에도 견디는 비닐하우스를 설치하는 것처럼 똑같은 피해가 반복되지 않게 대비를 했으면 한다. 수확을 앞둔 우리 농민들이 자연재해로 피해를 보지 않고 결실의 기쁨을 누렸으면 한다.

: 네덜란드는
  왜 행복할까?

국가, 정부, 국민이
일체가 된 재해 대책

집 근처에 암스테르담을 향해 흐르는 암스텔 강Amstel Rivier이 있다. 암스텔 강변에 있는 물 펌프장은 암스텔 강보다 낮은 수로의 물을 강으로 끌어올리는 역할을 한다. 암스테르담 외곽 동네는 해수면보다 5m가 낮다. 동네 작은 수로의 물이 폭우로 인해 일정 수위를 넘으면 그보다 높은 수로로 끌어올려진다. 더 높은 수로의 물도 일정 수위가 넘으면 강으로 올려져 바다로 나간다. 낮은 수로의 물이 끌어올려지는 곳마다 펌프장이 있으며 수위 차와 수로가 클수록 펌프의 용량과 펌프장의 규모가 커진다.

네덜란드 전역에 있는 수로는 거미줄같이 연결되어 있으며 수위가 다른 수로 사이에 크고 작은 수천 개의 펌프장을 설치하여 정부 산하 물 관리 기관에 의해 운용되고 있다. 암스텔 강은 암스테르담을 지나 북해를 막아 만든 내륙 호수로 흐르는데 이 내륙 호수의 평상시 수위는 해수면보다 낮아 암스텔 강이 호수와 만나는 곳과 호수와 북해가 만나는 곳에 수문을 만들었다. 바다가 호수보다 낮아지는 썰물 때 수문을 열어 호수의 물을 바다로 보낸다. 최초의 펌프장은 풍차였고 이후 증기기관을 사용한 펌프장을 거쳐 현재의 모든 펌프장은 전기 모터를 사용하고 있다.

바다보다 낮은 나라인 네덜란드의 가장 위협적인 자연재해는 홍수다. 역사적으로 여러 차례 대홍수를 겪었고 1953년 홍수로 수천 명이 목숨을 잃었다. 이후 정부에서는 근원적으로 홍수에 대비하기 위해 바닷물의 범람을 막는 둑을 건설하고 내륙의 둑을 강화하는 프로젝트를 완수했다. 물 관리 기관은 펌프장을 운영하여 국지성 호우가 발생하거나 어느 한 지역의 둑이 붕괴하면 물의 흐름을 조정하고 관리하여 홍수에 대비하고 있다. 네덜란드 사람들은 어릴 때부터 수영을 배우고 유사시를 대비하여 일상복을 입은 상태에서 물속의 장애물을 지나 일정 구간을 헤엄쳐야 통과하는 자격증을 딴다. 자주 일어나지 않는 자연재해라도 대비를 소홀히 하지 않아 만일의 상황이 발생해도 차분히 대응할 수 있다. 자연재해는 우리의 예상을 벗어나기에 항상 대비하고 준비해야 한다.

2016년 9월 경주에서 규모 5.8의 지진이 발생했고 2017년 11월 포항에서 규모 5.5의 지진이 발생해 우리나라는 지진에 안전하다고 생각했던 국민들이 크게 놀랐다. 더욱이 지진 대비나 사후 대처가 미흡하여 공포심을 부추겼다. 전문가들에 따르면 지진은 순간적으로 일상을 마비시키고 2차 피해가 크기 때문에 지진 발생 후 피해를 최소화하기 위한 사후 대책이 중요하다고 한다. 경주 지진 때문에 자정을 넘겨서 운행하던 KTX에 치여 선로 작업자들이 숨지는 추가 사고가 발생했다. 평상시 자정을 넘으면 운행하지 않던 KTX가 단지 서행 운행으로 자정을 넘겼다는 일상과 다른 상황이 사상자를 발생시켰다. 평소와 다른 상황이 발생했을 때 대처하는 시스템이 미비함을 보여주는 단면이다. 지진은 예보가 어렵고 순간적인 파괴력이 커서 지진 대책과 홍수 대책의 단순 비교는 무리일 수 있다. 그러나 홍수에 대비하는 네덜란드의 사례를 통해 시스템을 만드는 국가, 물샐틈없이 시스템을 운영하는 정부 기관, 그리고 스스로의 안전을 지키고자 준비하는 국민이 재해 대책의 요체임을 엿볼 수 있다.

모든 국민이 혜택 받는 복지

넷

실효성 있는 출산 정책

파란색 바탕에 유모차가 그려진 그림이 붙어 있는 집에서 모리스라는 남자아이가 태어났다. 분홍색 바탕에 새가 보자기를 물고 있는 그림이 그려진 깃발을 단 집에서는 여자아이가 태어났다. 네덜란드에서도 분홍색은 여자, 파란색은 남자를 상징한다. 여자아이가 태어난 집에 걸린 깃발에 그려진 새는 황새다. 황새가 물고 있는 보자기 안에는 아기가 들어 있다. 네덜란드를 포함한 북유럽에는 만물이 소생하는 봄이 오는 것을 알려주는 황새가 아기를 물어다준다는 재밌는 속설이 있다.

네덜란드는 과거 우리의 조산원 산파와 같은 출산 보조원 제도를 운용하고 있다. 아기를 갖게 되면 가정의가 출산 보조원을 소개해주고 임신 과정을 지켜보며 출산을 도와준다. 출산은 대부분 산부인과가 있는 병원에서 하지만, 이상이 없으면 출산 보조원의 도움을 받아 집에서 하기도 한다. 익숙하고 편안한 집에서 출산하는 것을 선호하는 임산부들이 있기 때문이다. 배우자가 출산에 동참하여 의사의 권유로 탯줄을 자르기도 한다. 여자아이가 태어나면 분홍색, 남자아이가 태어나면 파란색 초콜릿을 가족, 의사, 간호사가 함께 나눠 먹으며 노래를 부르고 아기의 탄생을 축하한다. 병원에서 출산한 경우 산모와 아기가 건강하면 출산 후 바로 샤워하고 퇴원해도 무방하다.

네덜란드의 출산율은 2000년도 1.64에서 2012년 1.8로 올랐다. 출산 장려 정책에 성공하여 출산율이 2.0에 육박하는 영국이나 프랑스보다는 낮지만, 유럽에서 높은 편에 속한다. 네덜란드의 25~54세 사이의 여성 고용률은 출산율이 높은 유럽의 나라와 같은 80% 수준으로 높은 편이다. 여성도 직장 생활을 하기 때문에 양육은 여성 전담이 아니고 부부가 같이 분담한다는 인식이 있다. 여성은 출산 전후 16주의 유급휴가를 가질 수 있고 고용 계약에 보장된 25일의 휴가를 추가로 사용할 수 있다. 8세 이하 아동이 있는 부모는 최장 6개월의 육아 휴가가 가능하다.

이처럼 정부는 근무 시간 조정과 재택근무가 가능한 양질의 시간제 일자리를 창출하고 사람들은 자발적으로 시간제 일자리를 얻고 있다. 또한 직장에서는 일과 양육이 균형을 이루도록 휴가와 근무 시간을 규정하고 직원들을 배려한다. 심지어 최근에는 배우자와 자녀의 병간호에만 적용했던 간호 휴가를 친구와 이웃의 간호를 위해서도 가능하도록 법을 개정했다. 간호 휴가조차 없는 우리나라의 상황과는 크게 차이가 난다.

우리나라의 출산율은 2017년 1.05로 OECD 최하위 수준이다. 현재 우리나라 국민의 평균 나이는 41세로 베트남의 평균 나이 27세보다 14세 많다. 한때는 베이비붐으로 인해 '둘만 낳아 잘 기르자'라는 구호까지 있었지만 이제는 아기를 낳아달라고 해도 아기를 낳지 않는 상황에 이르렀다. 이는 단순히 개개인의 문제가 아니다. 육아 수당을 주는 차원에서 해결할 일도 아니다. 아이들이 행복하게 자랄 수 있다는 믿음을 주고 양육에 따른 경제적, 시간적 부담을 덜어주는 실효성 있는 정책을 마련해야 할 것이다.

의료비 부담 없는
공공 의료

네덜란드와 한국의 병원은 로비 모습부터 무척 다르다. 네덜란드 종합병원에는 원무과가 없어서 병원이 아니라 호텔처럼 느껴질 정도로 쾌적하다. 모든 병원비가 의료보험으로 해결되기 때문에 원무과가 필요 없는 것이다. 네덜란드 의료 제도는 정부가 제공하는 공공 의료로 의료보험에만 가입하면 누구나 의료 혜택을 받을 수 있다. 병원은 크게 가정의와 전문의의 진료를 받는 종합병원으로 나뉜다. 가정의는 가정집 한쪽에 마련된 사무실에서 혈압계와 같은 기본적인 의료 장비만 갖추고 시간제 사무 보조원 한 명과 함께 동네 환자들의 1차 진료를 담당한다. 1차 진료 경비를 최소화하여 전체 의료 비용을 낮추는 것이다. 일단 건강에 문제가 생기면 가정의에게 가야 한다. 가정의가 환자를 진료한 후 종합병원의 전문의에게 보낼 것인지 자신이 약을 처방해 치료할 것인지 결정한다. 정부의 의료보험 재정으로 의료 혜택을 제공하기 때문에 가정의와 전문의는 불필요한 의료 비용을 줄이기 위해 될 수 있으면 가정의 선에서 진료와 치료를 하고자 한다.

종합병원 의사와 간호사는 밝고 친절하다. 종합병원에서 치료나 수술을 받을 경우 단계별 처치 내용과 결과를 상세하게 설명해주고 환자의 반응과 상태를 세밀히 살핀다. 정부에서는 매년 정부 산하 종합병원을 대상으로 친절도와 편의성 항목이 포함된 평가를 하며 그 내용을 공표한다. 병원 간 경쟁이 없는 공공의료기관이지만 평가를 통해 친절도와 편의성을 높이고 있다. 그러나 위중한 병인데도 가정의의 잘못된 판단으로 종합병원으로 보내지 않아 병을 키우는 경우도 있다. 어느 한국 교민은 배가 아파 여러 차례 가정의의 진료를 받았지만 큰 이상이 없다고 진단을 받았다. 주기적으로 계속되는 통증을 참다못해 가정의에 호소하여 종합병원에 가서 진료를 받은 결과 위암이었다. 우리와 같은 종합건강검진 제도는 없으나 서구인에게 많이 발생하는 대장암과 유방암 사전 검진 제도는 있다. 여자는 50세부터 유방암 검사를, 남녀 55세 이상은 대장암 검사를 받을 수 있다. 중병을 앓았거나 수술을 한 적이 있으면 정기적으로 피 검사와 소변 검사를 하여 관리한다.

네덜란드는 보험 적용이 되지 않는 일부 성형이나 피부 미용을 위한 영리 병원을 제외하고는 개인 병원이나 민영화된 종합병원이 없다. 병원 간 환자 유치 경쟁도 없고 의사들은 국가로부터 월급을 받기 때문에 동기부여는 약하나 직업의식은 강하다. 하지만 전문의에게 진료를 받기 위해서는 평균 한 달 정도 기다려야 하며 진료 후 추가 정밀 검진과 결과를 확인하는 데도 2주 정도 시간이 소요된다. 병실은 특정 보험 가입자를 제외하고는 의사가 환자의 상태와 병실 상황을 고려하여 결정하며 환자들은 의사의 결정에 따른다. 문병 시간은 정해져 있고 문병객들은 철저하게 시간을 지킨다. 간병인이나 가족이 병원에서 수발을 드는 경우는 없다.

한국에 거주하는 외국인이 뽑은 한국의 장점 중 하나가 신속하고 수준 높은 의료 서비스다. 그러나 병원비를 먼저 받기 위해 원무과가 로비 대부분을 차지하고 문병을 위해 아무 때나 병원을 방문하고 종종 병실 내 과도한 종교의식으로 인해 혼잡하고 시끄러운 것은 단점으로 지적하고 있다. 한국의 신속하고 수준 높은 의료 서비스에 과잉 진료 없는 네덜란드의 공공 의료의 장점과 정해진 시간에 조용히 문병하는 문화를 접목한다면 한국의 의료 수준은 더욱 향상될 것이라 생각한다.

세계에서 가장 큰
평균 신장

2015년 네덜란드 한 기관에서 발표한 네덜란드 성인 남성의 평균 키는 185cm였으며 성인 여성의 키는 174cm였다. 남녀 모두 세계에서 가장 큰 키를 자랑한다. 한국인들이 네덜란드를 여행하다 보면 종종 불편함을 느낄 정도로 의자가 높고 대중교통 천장 손잡이도 그들의 키에 맞춰져 있다. 네덜란드 사람들이 키가 큰 이유에 대해서는 여러 가지 설이 있다. 그중 하나는 네덜란드 민족 자체가 키가 크다는 설이다. 그러나 2세기 전까지 네덜란드 사람들의 평균 키는 민족 구성이 비슷한 이웃나라 영국과 독일에 비해 작았다. 따라서 민족설은 설득력이 없다. 다음으로 우유나 치즈 같은 유제품을 많이 먹기 때문이라는 설이 있으나 이는 검증되지 않았고 성장 호르몬을 주입하여 키운 가축을 섭취해 가축용 성장 호르몬의 영향을 받았다는 근거

없는 설도 있다. 농담으로 물이 많은 환경이기 때문에 물이 범람했을 때 생존하기 위해 키가 커졌다는 환경 적응설을 말하기도 한다.

키 큰 부모가 자녀를 더 많이 낳아 몇 세대에 걸쳐 평균 키가 커졌다는 연구도 있으나 최근 네덜란드의 한 경제·역사학자가 주장한 설이 신빙성을 얻고 있다. 네덜란드 사람들의 키가 커진 시기는 19세기 중반으로 네덜란드의 경제가 활성화되고 민주적인 정치제도가 정착된 시기다. 당시 경제가 활성화되어 사람들의 소득이 증가했고 민주적인 정치제도는 경제정책에도 영향을 미쳐 창출된 부가 골고루 분배되었다. 결과적으로 네덜란드는 유럽의 다른 나라에 비해 소득수준이 높았고 빈부 격차도 적었다. 빈부 격차가 줄어들면서 영양 섭취가 부족했던 저소득층 사람들도 성장에 필요한 영양을 충분히 섭취하게 되어 다른 나라에 비해 평균 키가 커졌다는 주장이다. 또한 당시 네덜란드는 모든 국민이 혜택을 받을 수 있는 세계 최초의 국민 의료제도를 실행했다. 공공의료제도를 통해 국민들의 건강을 관리한 것도 키가 커진 요인이라고 한다.

네덜란드에 이어 평균 키가 큰 나라는 북유럽의 덴마크와 노르웨이, 그리고 독일이다. 덴마크, 노르웨이, 독일 모두 네덜란드처럼 사회보장과 의료제도가 잘 되어 있고 생활 체육이 활성화된 나라들이다. 보통 서양인을 대표하는 국가이자 농구 같은 운동 경기를 통해 키 큰 선수를 많이 보았기에 미국 사람들이 키가 크다고 인식하고 있지만 미국 성인 남성의 평균 키는 177cm로 유럽 평균보다 작고 한국보다 3cm 크다. 미국 사람들의 평균 키가 유럽보다 작은 이유를 네덜란드와 비교해보면 미국은 세계 여러 나라에서 이민 온 다민족으로 구성된 나라로 패스트푸드나 뷔페 같은 고열량의 식생활이 키를 크게 하기보다는 비만을 유발하고, 사회 보장제도가 유럽보다 뒤떨어져 빈부 격차가 크고 미비한 공공의료제도로 저소득층이 의료 혜택을 받기 힘들기 때문이라고 생각한다. 넓은 생활공간으로 인해 자전거를 타거나 걷기보다 자동차를 이용하는 생활환경도 영향을 준다고 생각한다.

2014년 한 국제기관의 발표에 의하면 한국 남성의 평균 키는 174cm로 일본의 171cm, 중국의 167cm보다 크다. 19세기 말에서 20세기 초에 조선과 일본을 방문한 서양 사람들이 쓴 견문록을 보면 조선 사람들의 특징은 일본 사람보다 키가 크다고 나와 있다. 지난 수 세기 동안 피폐한 경제로 제대로 먹지 못한 조선 사람들이 일본 사람들보다 키가 큰 이유는 일본에 키가 작은 남방계 민족이 섞여 있기 때문이라고 생각한다. 북한 성인 남성의 평균 키는 165cm로 아시아에서는 말레이시아와 같고 160cm 내외인 필리핀과 베트남보다는 크다. 남북한 키 차이는 같은 민족임에도 정치, 경제, 그리고 사회제도를 아우르는 이데올로기 차이로 분단 60년 만에 9cm나 벌어졌고 계속 더 벌어질 것이라 추측된다. 키에 대한 네덜란드 학자의 주장과 각 나라의 사례에 비춰보면 평균 키에 영향을 미치는 경제적인 요인은 평균소득을 높이는 성장과 빈부 격차를 줄이는 분배임을 알 수 있다. 이처럼 성장과 분배라는 두 마리 토끼가 사람들의 평균 키에 얼마나 영향을 미치는가를 네덜란드에서 발견할 수 있다.

장애인을 배려하는
도로, 시설, 자동차

어느 날, 다리에 장애를 가지고 있음에도 자전거를 타고 여행하는 한 독일 아저씨를 만났다. 그분이 타는 자전거는 장애가 있는 사람에게 알맞게 고안된 자전거였으며 네덜란드에서는 일반인도 그런 자전거를 타기도 한다. 그분은 독일에서 네덜란드까지 차로 이동한 후 자전거로 네덜란드를 일주하는 중이었다. 자전거로 네덜란드를 일주하는 동안 아무런 어려움도 겪지 않았으며 장애인이 이동하는 데는 독일보다 좋다고 했다. 네덜란드에서는 당연한 일이다. 네덜란드에서 장애인을 대하는 기본 원칙은 장애인도 일반인과 같이 행복을 누리고 기쁨을 느낄 자유와 권리가 있다는 것이다. 정신 장애를 치료하는 병원에는 승마장이 있어 승마를 통한 장애 치료 프로그램을 진행하며 장애로 인해 배우자나 파트너가 없는 장애인에게 파트너가 되어주는 자선단체도 있다.

히딩크 감독이 한국에서 이룬 성과로 찬사를 받은 후 네덜란드의 한 방송과 인터뷰를 했다. 그는 한국 사람들이 교육을 많이 받고 훈련이 잘되어 있는 수준 높은 사람들이고 서울은 뉴욕의 맨해튼과 같이 큰 대로에 고층빌딩이 즐비하고 검은 리무진이 도로를 메우고 있는 현대적 대도시라고 말했다. 거리와 경기장에서 수많은 인파가 일사불란하게 응원을 하고 아무 사고 없이 끝나는 조직적인 한국인의 모습과 현대적인 서울의 모습은 대도시도 없고 차도 작고 시골스러운 네덜란드에서 온 히딩크 감독에게 신선한 충격이었나 보다. 그러나 히딩크 감독은 한국을 알아 가면서 한국의 그늘진 모습도 보게 되었다. 장애인에 대한 배려가 네덜란드보다 부족하다는 것을 알게 되었고 한국에서 번 돈을 자신의 재단을 통해 시각장애인 지원 사업에 기부했다.

네덜란드의 한 중소기업이 만드는 칸타Canta라는 이름의 차는 세계에서 제일 작은 차다. 칸타의 엔진 용량은 200cc 내외로 일반 중형차 엔진 용량의 1/10이며 앞좌석에 두 사람만 탈 수 있다. 변속기는 모두 자동이며 최대속도는 45km로 속도 제한이 80km 미만인 자동차도로는 어디든지 달릴 수 있다. 칸타의 폭은 1.1m, 길이는 1.5m로 좁은 자전거도로도 달릴 수 있다. 한 해 250대 정도 생산되어 200대가 네덜란드에 판매되고 50대는 다른 유럽 국가로 수출된다. 생산 대수가 적고 수작업으로 생산하기 때문에 기본 모델 가격이 12,000유로로 차 크기에 비해 비싸다. 차 뒤쪽에 휠체어를 들어 올리는 옵션이 있는 차는 더 비싸다.

칸타는 장애인을 위해 만든 차로 장애가 있는 21세 이상의 사람만 탈 수 있다. 자동차 번호판도 없고 운전면허도 필요 없다. 자동차 세금도 없으며 일반 주차장이나 자전거 주차장에 무료로 주차할 수 있다. 그러나 도로를 달리다 보면 다른 차나 사람에게 피해를 주는 사고를 낼 수도 있으므로 자동차보험에는 가입해야 한다. 자동차 번호판이 없는 대신 보험증 번호를 차 뒤에 부착한다. 재산이 적고 수입이 없는 장애인을 대상으로 심사를 거쳐 정부에서 칸타를 구매하여 제공하기도 한다. 네덜란드는 칸타를 운전하여 원하는 곳까지 갈 수 있을 정도로 자전거도로가 잘 갖춰져 있고 일반 자동차도로에서는 운전자들이 칸타를 배려한다.

일반 자동차는 운전하지 못하지만 칸타를 운전할 수 있을 정도의 네덜란드 장애인들은 칸타로 일터를 오가고 쇼핑도 하며 일상생활을 영위한다. 칸타를 만드는 자동차 회사 주관으로 칸타 운전자들은 매년 정기적으로 일정 구간을 같이 운전하며 친목을 다지고 운전 경험을 공유한다. 이처럼 네덜란드의 장애인들은 칸타를 활용하여 장애로 인한 생활공간과 활동 영역의 제약에서 벗어나 보통의 삶을 추구하며 살고 있다. 이런 모습을 통해 장애인에 대한 네덜란드 사람들의 관심과 배려를 엿볼 수 있다. 아울러 장애인에게 무엇이 필요한지를 생각하며 이미 갖춰져 있는 인프라인 자전거도로에 맞게 차를 만드는 상인 정신과 장인 정신도 느낄 수 있다.

우리나라는 언덕이 많고 자전거도로가 미비하고 도시에 인구가 집중되어 있어 경차조차 운행하기가 쉽지 않다. 그렇기에 칸타 같은 차는 우리나라에서는 달리기가 어렵다. 이러한 우리의 현실은 우리나라 장애인들이 생활하고 활동하는 데 더 큰 불편함과 어려움을 주고 있다. 장애인을 배려하자는 공감대가 확산되고 있고 아파트나 건물에 계단과 별도로 휠체어가 다닐 수 있는 경사로를 만들고 휠체어 승강기도 설치하고 있지만 아직은 장애인들에게는 불편하기만 한 대한민국이다. 장애인을 위한 시설을 확충하고 이미 설치된 시설물을 잘 관리하여 장애인들이 불편함 없이 보통의 생활을 영위했으면 한다. 아울러 장애인들도 대중교통으로 원하는 곳까지 오갈 수 있도록 편리함만 추구하기보다는 배려를 추가하는 사회가 되었으면 한다.

세계에서 가장 낮은
노인 빈곤율

세계적인 추세이지만 우리나라 또한 평균 수명이 길어지면서 고령화 사회를 향해 가고 있다. 아니, 이미 고령화사회에 접어들었다. 사회는 급격하게 변화하고 있지만 제도는 그에 미치지 못해 많은 노인들이 빈곤과 병으로 스스로 목숨을 끊거나 방치되고 있다. 네덜란드는 어떠할까? 네덜란드의 양로원은 일반 주거 지역 가까이에 있다. 노인들은 자신의 집이나 양로원에서 다른 사람들과 자주 접촉하면서 자신들이 소외되고 고립된 계층이 아니라는 심리적 안정감을 얻는다. 양로원은 국가에서 운영하며 예전에는 정상적인 생활이 가능한 노인을 위한 양로원도 있었으나 지금은 우리의 요양 병원과 비슷하게 아프거나 거동이 불편한 노인을 위한 양로원이 대부분이다.

네덜란드 사람들은 은퇴를 하고 자녀가 집을 떠나고 나면 부부만 살기에는 집이 크기 때문에 관리비 절감과 편리성을 위해 작은 집으로 이사한다. 그렇게 살다가 병이 생기거나 거동이 불편해지면 양로원에 입주한다. 양로원 거주 비용은 개인 부담이 원칙이나 재산과 소득에 따라 차등화되어 있다. 양로원은 기본적인 진료 시설을 갖추고 있으며 일부 양로원은 병원과 연계하여 일반인을 위한 간단한 의료 검사도 하고 있다. 몇몇 양로원은 유휴 거주 공간을 젊은이들에게 무상으로 제공하기도 한다. 젊은이들에게는 거주 비용 절감 혜택을 주고 노인들에게는 젊은이들과 접촉하고 소통함으로써 활력과 정서적 안정감을 얻게 하는 것이다.

양로원과 더불어 네덜란드 노인 복지의 바탕을 이루는 것은 기초연금 제도다. 은퇴 나이인 65세가 되면(67세로 단계적 연장) 네덜란드에 적법하게 50년을 거주한 사람은 누구나 우리의 기초 노령연금에 해당하는 기초연금을 받는다. 기초연금액은 부부가 같이 사는 경우는 일인당 월 100만 원 정도, 홀로 사는 경우는 150만 원 정도를 받는다. 거주 기간이 50년 미만이면 거주 기간에 따라 기초연금을 받는다. 보험료를 낸 사람에 한해서 연금을 받거나 보험료 납부 금액에 따라 차등적으로 연금을 받는 국민연금 같은 제도는 없다. 이러한 기초연금 제도는 과거 직업이 없어 세금을 못 냈건 또 좋은 직업이 있어 많이 냈건 상관없이 노년기에는 누구나 기본적인 생활수준을 영위해야 한다는 원칙에 따른 것이다. 기초연금에 더해 고용계약에 따른 회사연금이나 개인별로 가입한 개인연금을 추가로 받는다. 이외에도 거동이 불편하지만 자기 집에서 사는 노인들은 택시를 연간 5회 이용할 수 있는 쿠폰을 받고 65세 이상은 시내의 대중교통을 무료로 이용할 수 있다. 단, 시외나 복잡한 출퇴근 시간대에는 일정 금액을 내야 한다.

네덜란드 부모는 자녀가 18세가 되면 원칙적으로 자녀 양육 부담에서 벗어난다. 자녀는 만 18세가 되면 부모에게서 독립하여 일을 하거나 대학에 입학한다. 정부는 대학생에게 매달 약 32만 원의 생활비를 지급하고 무상으로 대중교통을 이용할 수 있게 한다. 추가로 최대 월 80만 원의 융자금을 저리로 빌려주며 졸업 후 직업을 갖고 소득이 발생하면 상환하면 된다. 자녀가 결혼할 때 필요한 신혼집은 신혼부부의 합계 소득을 근거로 은행에서 집을 담보로 융자해주는 모기지Mortage로 산다. 부모는 자녀가 원하는 물품 목록 중 부모에게 요구하는 물품을 사주는 정도만 부담한다. 결혼 후 부부는 현역으로 일하는 동안 모기지의 이자만 또는 원금과 이자를 상환한다. 원금을 갚아 나가는 모기지 경우 은퇴 후 집을 팔아 원금을 상환하고 남은 금액은 노후 자금이 된다.

이렇게 나라에서 뒷받침해주고 있기에 네덜란드의 노인 빈곤율은 2%로 세계에서 가장 낮다. 자녀에게 큰돈이 들지 않고 자신의 노후를 자신과 정부가 책임지기 때문이다. 네덜란드는 월급을 천만 원 받으면 세금으로 오백만 원을 내야 할 정도로 소득세율이 높은 나라다. 하지만 자신이 낸 세금은 자신의 복지를 위해 사용될 것이라는 믿음으로 국민은 기꺼이 높은 세율의 세금을 부담한다. 네덜란드 은퇴자의 은퇴 전후의 소득 차이는 세계에서 가장 적은 수준에 속한다. 정부에서 제공하는 기초연금에만 의지하지 않고 개인 또한 노후를 준비하기 때문이다. 보통 3단계로 은퇴 자금을 준비하며 1단계는 정부가 제공하는 기초연금, 2단계는 고용계약에 의한 회사연금, 그리고 3단계는 개인이 준비하는 개인연금이다. 네덜란드의 자영업 비율은 13%로 한국의 35%에 비하면 훨씬 낮다. 회사에 고용되어 회사연금으로 안정적인 노후를 준비한다는 면에서 한국보다 구조적으로 유리한 조건이다.

우리나라의 노인 빈곤율은 50%로 OECD 국가 중 가장 높다. 많은 교육비를 들여 자녀를 교육하고 자녀의 결혼 비용을 부모가 부담할 정도로 자녀를 위해 헌신하고 집값이 높아 빚을 내 집을 구입하고 그 빚을 갚기 위해 평생을 일하기에 자신의 노후를 준비할 겨를이 없다. 일인당 국민소득 또한 아직 네덜란드의 절반 수준이고 청년 실업 문제를 포함한 경제적 해결 과제가 우선순위에 있기에 노인 복지를 위한 재원 마련이 여의치 않은 것도 주요한 요인이다. 우리나라의 노인 빈곤율과 자살률이 OECD 국가 중 가장 높다는 현실을 직시하여 개인은 스스로 자신의 노후에 대비하고 정부는 효율적인 재원 배분으로 노인 복지에 힘쓰기를 바란다.

차별 없이 균등한 기회가 주어지는 사회

다섯

차별 금지와
인권 존중

2016년 3월 23일 벨기에 브뤼셀에서 테러가 발생했다. 암스테르담에서는 테러를 당한 벨기에를 위로하고 희생자를 애도하기 위한 취지로 시내 중앙 광장에 있는 건물 벽에 조명으로 벨기에 국기를 새겼다. 벨기에에서 발생한 테러로 목숨을 잃은 서른한 명의 희생자 중에는 세 명의 네덜란드 사람도 포함되어 있었다. 한때 같은 나라였던 벨기에와 애증의 역사를 공유하고 있는 네덜란드였지만 테러를 당한 벨기에를 위해 애틋한 위로와 진심 어린 애도를 표했다. 2015년 11월, 130명의 목숨을 앗아간 파리 테러에 이은 벨기에 테러의 주동자는 벨기에에서 태어나 성장하고 몰렌베이크Molenbeek라는 도시에서 거주하는 이슬람교도 이민 가족 출신의 젊은이들이다. 벨기에의 수도 브뤼셀Brussels 인근의 몰렌베이크는 거주자의 30%가 이슬람교도이며 실업률은 40%에 달하는 도시다. 전문가들은 파리에 이은 브뤼셀 테러에 몰렌베이크 거주 젊은이들이 가담한 것은 사회에 적응하지 못한 좌절감과 소외감에서 비롯되었다고 보고 있다. 좌절감과 소외감은 냉대와 차별을 받고 있다는 분노로 발전하여 이슬람 극단주의에 쉽게 빠져들게 되고 결국 테러를 일으켰다는 분석이다.

네덜란드의 헌법 1조는 "모든 형태의 차별을 금지한다"다. 독일 나치에 의한 인종차별 정책의 희생양으로 상징되는 안네 프랑크를 기리기 위해 설립된 안네프랑크 재단은 인종차별을 감시하고 방지하는 활동을 하고 있다. 네덜란드 헤이그에는 평화의 궁이 있으며 그 안에 나라 간 분쟁을 해결하는 국제사법재판소가 있다. 2016년 3월 24일 역시 네덜란드에 있는 구유고슬라비아 국제형사재판소에서 인종차별을 단죄한 재판이 열렸다. 한국 재판장이 주도한 재판에서 보스니아 내전 당시 인종 청소를 주도한 장본인에게 40년 징역형이 선고되었다. 국제사회가 전쟁과 내전 중 대량 학살을 야기한 인종차별 범죄를 단죄한 것은 최초였기에 무척 역사적인 재판이었다. 이처럼 네덜란드는 인종차별을 금지하는 헌법, 인종차별을 방지하기 위해 활동하는 기구, 그리고 국제분쟁을 방지하고 평화를 지키기 위한 사법기관이 있는 나라이며 인권과 평화를 지키는 나라로 상징된다.

몇 해 전 의회 다수당 당수가 한 카페에서 "모로코 이민자 수를 줄여야 한다"라고 말했고 이를 인종차별 발언이라고 판단한 한 시민단체가 그를 고소하여 조사를 받게 되었다. 스페인 마드리드에서 벌어진 클럽축구 대항전에 응원을 간 네덜란드 축구 팬들이 루마니아 걸인들에게 동전을 뿌리며 인격 모독 발언을 한 것에 대해 네덜란드 정부가 스페인 정부에 사과하고 법적 제재를 요청했다. 물론 네덜란드에도 피부색, 종교, 그리고 출신이 다른 사람을 차별하거나 배척하는 사람들이 있다. 그러나 사

회 전체적으로 차별을 하면 안 된다는 신념이 있고 차별 행위를 법으로 엄격히 다스린다. 네덜란드 정부는 이민자들에게 직업을 알선해주고 기본적인 생활수준을 유지할 수 있게 뒷받침하고 있다. 또한 이로 인해 이민자들이 거주하는 지역이 다른 지역에 비해 범죄율이 높거나 슬럼화되지는 않았다. 적법한 절차를 거쳐 들어오는 이민자와 난민에게는 정착 프로그램을 마련하여 사회에 적응하도록 도와준다. 차별을 용인하지 않는 사회와 적응을 도와주는 제도는 이민자들이 소외감을 느끼지 않고 네덜란드 사회의 일원이 되도록 만들어준다.

무고한 생명을 앗아가는 테러는 어떤 이유에도 정당화될 수 없지만 지금의 사회에서는 일어날 수 있다. 사회가 건강해야 사회에 대한 적대감에서 비롯되는 테러를 예방할 수 있다. 건강한 사회는 사회 구성원이 한 사회의 일원이 되어 소외감과 적대감을 느끼지 않는 사회다.

우리나라는 일자리와 학력 간 비대칭으로 노동력 부족 문제를 겪고 있다. 이로 인해 외국인이 증가하고 있으며 앞으로 더욱 증가할 것으로 예상한다. 예전에는 살색이란 말을 아무렇지 않게 사용했으나 지금은 사용하지 않는다. 다문화 가정이란 말이 생길 정도로 외국인 아버지나 어머니를 둔 아이들도 늘고 있다. 외국인이 증가하면서 부작용도 발생하고 있지만 우리가 원하고 필요해서 받아들이는 것이다. 신분을 확인하는 절차와 제도를 통해 입국이 결정된 이상 그들이 소외당하지 않고 한국사회의 일원이 되었으면 한다. 인종 때문에, 가난 때문에, 배우지 못했기 때문에 차별하고 괄시한다면 건강한 사회로 가는 길은 멀어질 것이다.

책임과 역할이 따르는
남녀평등

네덜란드에서는 바람이 불고 비가 오는 궂은 날에도 엄마가 아이 두 세 명을 자전거 앞이나 뒤에 연결한 작은 트레일러에 태우고 달리는 모습을 종종 볼 수 있다. 이처럼 네덜란드에서는 힘이 요구되는 일을 여성들이 하는 모습을 흔히 볼 수 있다. 2017년 네덜란드 정부는 만 17세가 되는 남자에게만 발부하던 징집 통지서를 2018년부터 여자에게도 발부하기로 했다. 네덜란드는 모병제를 실시하는 국가로 징집 통지서를 발부하는 것은 단지 군에 복무할 수 있는 나이가 되었음을 알려주기 위함이다. 네덜란드 정부는 여성과 남성을 동등하게 대우한다는 상징적 의미로 여성에게도 징집 통지서를 발부하기로 한 것이다.

네덜란드에 오기 전 네덜란드에 대해 알아보면서 네덜란드 여성에 대해서도 궁금

했다. 아로아, 실비아 크리스텔, 그리고 마타 하리가 네덜란드 여성임을 떠올렸고 이세 여성을 통해 네덜란드 여성의 모습을 단편적으로 상상했다. 네덜란드와 벨기에 국경 지역의 전원을 배경으로 한 만화영화 〈플란다스의 개〉의 주인공 아로아는 자연과 어우러진 순박함을 가졌다. 영화 〈차타레 부인의 사랑〉에서 뇌쇄적인 연기를 펼친 실비아 크리스텔의 육감적인 모습은 무척 인상적이었다. 그리고 제1차 세계대전 당시 독일 스파이였던 마타 하리는 계략과 술수로 주어진 임무를 해결하는 이미지로 여성 스파이의 대표적인 이미지를 만들었다.

네덜란드에서 오랜 시간을 보내면서 막연하게 그렸던 네덜란드 여성들의 모습을 구체적으로 판단할 수 있게 되었다. 그것은 활기참과 자립심이었다. 정신적으로 강인하고 육체적으로 건강하면서 남성들과 대등하게 일을 하는 독립적인 모습이었다. 가정에서는 배우자와 육아와 가사를 분담하고 일터에서는 구성원들과 동등하고 독립적으로 일하고 있다. 네덜란드 여성들이 남성과 동등하고 독립적인 지위를 갖게 된 것은 1970년대 시작된 여성 운동 '돌레 미나Dolle Mina'에서 기인한다. '돌레 미나'의 '돌레'는 '돌은'이란 뜻이고 '미나'는 20세기 초 활동했던 네덜란드 여성 운동의 선구자인 빌헬미나Wilhelmina에서 따왔다.

돌레 미나는 아름다움을 추구하고 집안일과 양육을 잘해야 한다는 여성의 사회적 통념을 거부하는 운동을 전개했다. 여성스러움을 거부하고 남성과 동등함을 주장하는 돌레 미나는 전통적인 네덜란드 사회에서 보면 과격하고 미친 여자들 같았나 보다. 하지만 돌레 미나는 여성에 대한 사회 인식을 변화시켰고 그들의 운동은 남성과 대등하고 독립적인 삶을 위한 제도적 장치를 마련하는 전기가 되었다. 2017년 9월 새로 출범한 네덜란드 정부의 여성 장관 비율은 총 열다섯 명의 장관 중 여성이 여섯 명으로 40%를 차지한다. 유엔이 2015년 발표한 세계 성 평등 순위에서 네덜란드는 스위스, 덴마크에 이어 세 번째다. 2017년 한국 육사 졸업에서 1등, 2등, 3등 모두 여생도가 차지했다. 한국군의 첨단 무기를 다루는 전투기 조종사와 전투함 장교로 복무하는 여군이 늘고 있다. 네덜란드의 현 국방 장관은 여성이며 군 경험 없이 국방 행정을 책임지고 있다. 전쟁의 위험과 긴장감이 높은 한국에서도 남성의 전유물이었던 국방 장관직을 군 경험이 있는 여성이 맡을 날이 올 것이라고 기대한다. 현 한국 정부의 여성 장관 비율은 열여덟 명 중 다섯 명으로 28%다. 과거 정부보다 월등히 높으나 상징적이 아닌 사회 전반의 성 평등 비율과 일치하고 또한 네덜란드 수준에 근접할 날이 오기를 바란다.

나이보다
능력이 존중되는 일터

어느 집 밖에 숫자 50이 새겨져 있는 작업복을 입고 작업 도구를 든 건장한 아저씨 모양의 인형 풍선이 세워져 있다. 주인아저씨의 50세 생일 축하 파티를 하는 중이다. 우리는 태어나서 한 해를 무사히 보낸 첫돌과 수명이 짧았던 시대에 장수했음을 축하하는 만 60세 생일인 환갑을 크게 축하하고 잔치를 한다. 한 세기인 100년에 의미를 부여하는 서양처럼 네덜란드에서는 한 세기의 반인 50세와 또 반인 25세 생일에 큰 의미를 두고 축하한다. 우리의 환갑은 살아온 삶에 마디를 만들며 정리하는 의미를 지니지만 네덜란드의 50세는 작업 도구를 든 건장한 아저씨 모양의 인형 풍선이 상징하듯이 50년간 잘 살았다는 의미와 함께 계속 일하며 전진하자는 의미가 있다.

네덜란드에서 50세 이후의 사람들은 현업에서 실무자로 왕성하게 일하며 중소기업이 이끄는 네덜란드의 산업을 떠받치고 있다. 50세 이후에도 왕성하게 일할 수 있는 것은 개인적으로는 계속 실무 역량을 갖춰나가고 노사정 합의로 사회보장제도가 전일제와 똑같이 적용되는 양질의 시간제 일자리를 창출하기 때문이다. 또한 조직과 사회에서는 나이를 중요하게 생각하지 않는다. 나이가 많더라도 연장자 우대를 기대하지 않고 나이 어린 상사와도 기꺼이 일한다. 조직 구성원 간 나이로 인한 불편함이 없도록 서로 나이를 내세우지 않는다. 이런 사회와 조직 풍토가 50세 이후에도 젊은 사람들과 화합하며 일할 수 있게 하는 주요한 요인 중의 하나인 것이다. 네덜란드 노동청은 구직 사이트를 개설하여 50세 이후 구직자의 구직 활동을 지원한다. 구직자는 노동청 사이트에 이력서를 등록하여 노동청과 수시로 소통하고 노동청이 알선한 회사와 접촉하며 구직 활동을 한다. 구직 조건의 우선순위는 나이나 경력에 따른 직책이 아닌 업무 적합도와 보수다.

우리는 윗사람을 공경하고 경험을 존중하는 좋은 전통이 있다. 그러나 위계를 중시하기 때문에 학교에서는 선후배, 조직에서는 직급, 사회에서는 나이를 따진다. 선후배가 정해지면 후배는 선배의 눈치를 보고 선배는 후배에게 체면을 깎이면 안 된다고 생각하는 부작용까지 있다. 선임, 상사로 갈수록 지시나 결재 위주의 업무를 하는 수직적 조직구조는 스스로 일할 수 있는 실무 역량을 감퇴시킨다. 일하기 어려운 나이가 문제가 아니라 선후배를 따지는 문화가 나이 많은 사람들이 일할 기회를 줄어들게 만든다. 나이로 인한 불편함을 없애기 위해 조직이나 사회에서는 신입이나 사원을 모집할 때 나이를 제한한다. 나아가 시기를 놓치거나 한 번 실패하면 다시 일어나기 힘든 사회구조를 만든다. 자신들도 '이 나이에 무슨'이라고 스스로 한계를 규정하고 도전 의지를 꺾는다.

심화되는 저성장과 고령화사회의 당면 과제 중 하나는 청장년층의 일자리 창출이다. 노사정 합의로 양질의 일자리를 창출하는 실효성 있는 제도와 나이보다 일 중심의 인식 변화가 필요하다고 생각한다. 고령화사회에서 50세 이후의 인력은 젊은이들이 꺼리는 중소기업에 활력을 불어넣을 수 있다. "나이는 숫자에 불과하다"는 구호는 '나도 아직 할 수 있다'는 의미를 넘어 '나이가 아닌 일로 평가받겠다'는 의미가 담겨 있을 때 효력을 발휘할 것이다. 네덜란드 히딩크 감독이 한국 축구팀을 맡고서 제일 먼저 한 것은 선후배 선수 간 수직적이고 경직된 관계가 아닌 수평적인 화합으로 팀워크를 다지는 것이었다. 선수들에게 "홍명보 선배님, 저에게 패스 좀 해주시기 바랍니다" 하며 눈치 보지 말고 "명보, 패스"라고 말하라고 지시했다고 한다.

: 네덜란드는
  왜 행복할까?

비어가는 교도소

암스테르담 외곽에 1978년 세워진 아파트 형태의 14층 건물 여섯 개 동으로 구성된 과거의 교도소가 있다. 이 교도소에 수용되었던 죄수들은 방에서 평화로운 암스테르담 전경과 교도소에서 150m 떨어진 전철역을 오가는 사람들을 내려다보며 형기를 마치고 사회에 복귀할 날을 기다렸다. 교도소에 수용된 죄수 수는 점차 줄어들었고 남은 죄수들은 다른 교도소로 이감되고 죄수들이 모두 떠난 이곳에는 현재 난민과 망명 신청자들이 거주하고 있다. 이처럼 네덜란드의 교도소들은 비어가고 있고 빈 공간은 난민과 망명자 수용시설, 그리고 호텔로 재활용되고 있다.

네덜란드의 교도소가 비어가는 이유는 범죄율이 낮아져 죄수가 줄어들고 강력범죄가 줄어들어 죄수들의 평균 형기가 줄었기 때문이다. 네덜란드의 교도소는 2015년

열아홉 개가 폐쇄되었고 추가로 다섯 개가 폐쇄되어 다른 용도로 재활용될 예정이다. 범죄가 줄어들어 감옥에 가야 할 죄인이 줄어드는 건 좋은 일이지만 교도소와 교도 행정에 근무하는 공무원 2,000명이 일자리를 잃을 상황에 놓였다. 이에 네덜란드 정부는 유럽 다른 나라의 죄수를 유치하여 교도소와 관련된 일자리를 유지하고자 노력하고 있다. 현재 매년 550명 정도의 벨기에 죄수들이 네덜란드 교도소에 수용되고 있으며 최근에 네덜란드 정부는 노르웨이 정부와 240명의 노르웨이 죄수를 유치하는 데 합의했다. 양국 정부 간 죄수 유치에 합의는 했으나 네덜란드 죄수들의 텃세와 노르웨이 죄수 가족의 장거리 면회에 따른 불편함을 해결해야 하는 과제를 남겨두고 있다.

2014년 주요 국가별 인구 10만 명당 죄수 수는 미국 700명, 영국 150명, 한국 100명, 네덜란드 75명, 노르웨이 70명, 일본 50명이다. 미국의 죄수 수가 압도적으로 많고 일본은 우리의 절반 수준이다. 10년 전과 현재의 인구 10만 명당 죄수 수의 변화를 살펴보면 유럽의 복지국가인 북유럽 스칸디나비아삼국 평균은 변화가 없고 네덜란드 이웃 국가인 벨기에는 23% 증가했다. 이에 반해 네덜란드는 33% 감소했고 네덜란드의 죄수 감소율은 죄수가 줄어든 일부 국가 중 가장 높았다. 2014년도 미국의 죄수 수용 예산은 750억 달러로 우리나라 예산의 1/4 수준이었다. 미국 정부가 늘어나는 죄수 수용을 감당할 수 없게 되자 민간 기업이 교도소를 세워 죄수를 유치할 정도가 되었다. 네덜란드와 미국 모두 죄수 유치라는 일종의 사업이 진행되고 있으나 그 원인과 배경은 정반대다.

네덜란드의 죄수 수가 감소하는 보다 근본적인 이유는 사회 갈등이 적고 안정되어 있기 때문이다. 빈부 격차가 낮고, 최저 생계비를 보장하며, 실업에 따른 안전망이 있어 기본적인 생활이 가능하여 생계형 범죄가 적다. 국가적으로 차별을 금지하기 때문에 종교, 인종, 계층 간 갈등이 적어 상대방에 대한 적의가 쌓이지 않는다. 경쟁, 실패, 그리고 인간관계에서 오는 스트레스가 적어 우발적인 충동 범죄가 적다. 그리고 남에게 피해를 주지 않는 개인적인 사안과 사람의 이성으로 통제할 수 있다고 믿는 부분은 법에서 제외하여 국민의 이성과 도덕에 맡긴다. 오랜 시간이 필요한 일이지만 나라가 안정되면 충동 범죄, 생계형 범죄가 우선 줄어든다. 더하여 국민들의 의식을 함양하며 차별에 대한 범죄, 성범죄, 정신적인 범죄까지 관리할 수 있다. 교실은 학생들로 가득 차고 교도소는 비어가는 사회, 우리가 그려야 할 사회다.

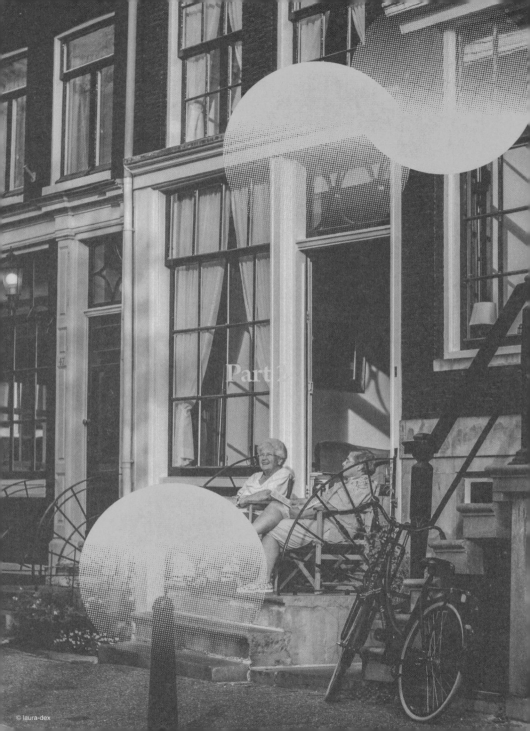

Part 2

국민이 만드는,
행복도가 높은 사회

유대감이 깊고 서로 배려하며 신뢰하는 사회는 국민의 행복도도 높다. 효율적이고 창의적인 행정과 제도는 편익을 제공하여 국민의 행복도를 더욱 높인다. 네덜란드 사람들은 어떻게 행복도가 높은 사회를 만드는지 알아보고 효율적이고 창의적인 행정의 일면을 소개하고자 한다.

유대하고 화합하는 사회

하나

절약하지만
기꺼이 기부하는 국민

　　캐러밴의 용도는 여행을 다닐 때 차 뒤에 매달고 다니면서 캐러밴 전
용 야영장에서 숙식하기 위한 것이다. 삼면이 바다고 위의 육지로는 갈 수 없는 우리
나라에서는 낯선 일이지만 여러 나라와 국경을 맞대고 있는 네덜란드에서는 차를 타
고 여러 나라를 여행하는 것이 무척 익숙한 일이다. 봄이 오고 날씨가 좋아지면 캐러
밴 영업이 기지개를 켠다. 유럽에서는 캐러밴을 매달고 여행을 다니는 사람들은 거의
네덜란드 사람들이라는 인식이 있을 정도로 많은 네덜란드 사람들이 캐러밴을 매달
고 여행을 다닌다.

　　독일 고속도로에서 캐러밴을 매달고 천천히 달리고 있는 네덜란드 차를 보고 쌩
쌩 달리며 지나가는 독일 운전자들은 속으로 "헤이, 치즈 헤드 길을 비켜"라고 한다.

네덜란드 사람들을 '치즈 헤드'라고 부르는 이유는 캐러밴에 치즈를 싣고 다니며 항상 치즈만 먹어서 머리가 치즈로 꽉 차 있다는 풍자이며 네덜란드 자동차 번호판이 치즈 색과 같은 노란색이기 때문이다.

남이야 뭐라고 하든 봄이 오면 네덜란드 사람들은 캐러밴을 매달고 여행을 다닌다. 캐러밴에서 자고 치즈와 빵으로 식사를 해결하며 경비를 아껴 알뜰하게 여행을 한다. 그러나 더치페이와 치즈 헤드로 연상되는 깍쟁이 네덜란드 사람들의 일인당 연간 기부 금액은 세계 4위에 달한다. 네덜란드에서는 생수나 음료수를 구매할 때 페트병 값을 별도로 지급하고 빈 페트병을 반환하면 병값을 돌려받는다. 페트병 반환 기계 옆에는 기부하는 대상이 안내되어 있어 기부를 원하면 기부함에 반환 금액 영수증을 넣으면 된다. 일상 속에서 리사이클과 연계하여 약자, 환자, 취약계층에 기부하는 것이다. 증명서를 소지한 구호단체나 자선단체는 가정을 순회하며 모금 활동을 한다. 정부 차원에서는 저개발국 정부나 국제 구호단체에 기부한다. 네덜란드 사람들은 아낄 때는 아끼지만 도움이 필요한 다른 사람을 위해서는 기꺼이 쓰고 있다.

: 국민이 만드는,
  행복도가 높은 사회

유대를 맺고 원칙을 중시하는
인간관계

　　네덜란드 이웃들은 주기적으로 모여 바비큐 파티를 연다. 바비큐 파티는 동네 주민이라면 누구나 소정의 참가비를 내고 참가할 수 있다. 바비큐와 음식, 음료는 전문 케이터링 업체에 의뢰하며 주말에 동네 어린이 놀이터와 같은 넓은 공간에서 주로 열린다. 주민들은 담소를 나누며 정보를 교환하고 새로 이사 온 가족과 인사를 나눈다. 이 자리는 주민 간 발생한 민원에 대해 당사자 간 협의하고 해결하는 기회의 장이기도 하다. 동네마다 바비큐 이외의 다른 형태의 모임이 있고 모임의 성격이나 빈도는 주민 성향, 그리고 유대 정도에 따라 다르다. 이처럼 네덜란드 사람들은 같은 동네의 주민과 마주치면 인사하고 간단한 대화를 할 정도의 유대관계를 유지한다.

네덜란드 사람들은 처음 보는 사람에게 경계심을 갖기보다 친근하게 대하며 서슴없이 인사를 건넨다. 공항 대기실이나 비행기 옆자리에서 네덜란드 사람을 만난다면 자연스럽게 대화를 이어갈 수 있다. 반면에 학연, 지연, 혈연으로 맺어진 사이라고 해서 특별히 긴밀한 유대관계를 맺지는 않는다. 연고로 맺어진 당사자 간 거래도 사회 규범에 따라 이뤄진다. 가족이나 친구 간에도 쉽게 부탁을 하거나 받아주지 않는다. 금전 거래 시에는 꼭 계약서를 작성하고 계약을 불이행하면 법적으로 해결한다. 네덜란드에도 한국식의 친한 사람들 집합인 '우리'가 있지만 그 개념이 희박하고 '우리'에 속하는 사람과 '우리'에 속하지 않는 사람을 대하는 태도의 차이가 크지 않다.

어느 독일 학자에 따르면 사회는 공동 사회와 이익 사회로 나뉜다고 한다. 공동 사회는 가족, 친척, 마을, 학교, 민족과 같이 혈연이나 애정을 기초로 하는 이해 타산적이지 않은 사회이고 이익 사회는 회사, 정부, 정당과 같이 이익과 목표를 추구하는 인위적이고 이해 타산적인 사회다. 한국 사회는 공동 사회와 이익 사회가 겹쳐지는 영역에 일명 '우리 사이'로 대변되는 '우리 사회'가 존재한다고 생각한다. 회사, 조직, 정당이라는 이익 사회 내에서 공동 사회의 구성 요인인 혈연, 지연, 학연, 출신, 기수를 매개로 '우리 사회'를 만든다. 귀하고 얻기 힘든 연으로 맺어진 우리 사회일수록 그 구성원들은 더욱 끈끈한 유대관계를 형성한다. '우리'의 의미는 정을 나누며 친목을 도모하고 어려울 때 사심 없이 도와줄 수 있는 관계를 맺은 사람들이다. 이러한 본연의 의미에 맞게 친목과 화합을 위하고 조직에 활력을 주는, 열린 우리 사회가 많이 존재한다.

얼마 전 한국에서 기업가 친구와 유착하여 사익을 취한 고위 검사의 일탈과 고위 공무원의 선민의식이 표출된 발언이 국민의 공분을 불러일으켰다. 주어진 권한을 이용하여 사익을 추구하고 선민의식에 사로잡힌 구성원들이 속한 우리 사회는 우리의 의미를 퇴색시키고 우리 사회의 어두운 면을 보여준다. 공동 사회와 이익 사회 안에서 우리 사회의 경계를 잘 잡기란 쉽지 않은 일이지만 '나 하나쯤은', '내 이익을 위해서라면'이라는 사소한 마음에서 우리 사회의 부패가 시작된다. 아무리 친밀한 사이라도 서로 경계하고 선을 넘지 말아야 한다.

네덜란드에 바비큐 파티가 있다면 우리나라에는 예전부터 마을 사람들의 친목과 유대를 위해 돼지를 잡아 나누어 먹었던 수육 잔치가 있다. 우리의 의미를 되새기는 전통을 생각하며 배려와 나눔의 마음을 주고받되 합당한 선은 지키는 우리 사회를 만들었으면 한다.

사회 통합을 의미하는
백조 모양의 다리

현대적인 분위기의 도시 로테르담Rotterdam의 여러 상징물 중 인상적인 다리 하나가 있다. 네덜란드 신학자였던 에라스무스Desiderius Erasmus 이름을 딴 이 다리는 백조 모양의 다리로 밝고 미적이며 부유한 북쪽과 낙후된 남쪽을 잇는 사회 통합과 미래를 지향하자는 의미를 담고 있다. 1996년 건설된 에라스무스 다리는 2016년 건립 20주년을 맞았고 이를 기념하기 위해 다리 위에서 음악제와 전시회 등 다양한 문화 행사을 열었다. 로테르담에 만을 가로지르는 현대적인 에라스무스 다리가 있다면 고풍스러운 분위기의 암스테르담에는 작은 운하 위에 배가 지나갈 때 옛날 방식으로 중간 부분이 위로 열리는 전통적인 다리가 있다.

네덜란드에는 특별한 역사가 깃든 다리도 있다. 5월 5일은 네덜란드가 독일 나치

: 국민이 만드는,
  행복도가 높은 사회

의 점령에서 해방된 날이다. 나치는 네덜란드 통치 기간 중에 암스테르담 주민들의 자유로운 왕래를 막기 위해 암스테르담의 북과 남을 연결하는 다리를 통제했다. 암스테르담 주민들은 밤에 배를 연결한 다리를 만들어 은밀히 왕래하고 물품 운반을 하며 삶을 지켰다. 이를 기리기 위해 매년 5월 5일 암스테르담 중앙역 뒤편의 운하에서 암스테르담 남북을 배로 연결해 다리를 만드는 행사가 열린다. 또한 독일 국경과 인접한 안헴Arnhem시는 제2차 세계대전 말 영국군과 독일군 간에 치열한 전투가 벌어져 영국 공수 부대가 전멸한 장소로, 대작 전쟁 영화 〈멀고 먼 다리Bridge too far〉의 배경이 된 안헴 다리가 있다.

세계 주요 도시에는 그 도시를 상징하거나 대표하는 다리가 있다. 런던의 템스 강에는 강 양쪽에 세워진 탑에 연결된 줄로 만든 현수교와 도개교가 결합한 타워브리지가 있다. 샌프란시스코 하면 금문교가 떠오른다. 바다와 연결된 만 위에 건설된 웅장한 금문교는 양쪽의 높은 탑에 줄을 연결하는 현수교를 대표하는 다리다. 파리의 에펠탑 가까이에 센 강을 가로지르는 미라보 다리가 있다. 얼핏 보기에는 평범한 다리처럼 보이지만 프랑스 시인 아폴리네르Guillaume Apollinaire가 미라보 다리를 소재로 연인을 향한 애틋한 마음을 아름답게 표현해서 우리에게도 친근한 다리다. 런던의 템스 강과 파리의 센 강의 다리들은 좁은 강변을 따라 서 있는 고풍스러운 건축물과 어우러져 미적이면서도 낭만적인 분위기를 느끼게 한다.

지금 한강에는 경제 발전에 따른 인적·물적 수송량의 증가로 서른한 개의 다리가 놓여 있다. 한강은 유유히 변함없이 흐르지만 그 위에 설치된 다리들은 우리 근현대의 역사와 변화하는 사회상을 반영하고 있다. 일제에 의해 세워진 한강철교는 전쟁과 남북 분단의 역사를 간직하고 있다. 성수대교는 '빨리빨리'로 일컬어지는 성과 위주 경제발전의 부작용과 안전 불감증에 대한 경각심을 주었다. 극단적인 선택을 만류하는 문구가 있는 마포대교는 경쟁이 치열해지고 개인화되는 한국 사회의 어두운 면을 보여주고 있다.

한강을 가로지르는 한강의 다리에서는 힘과 역동성이 느껴진다. 한강의 웅장함과 다리의 역동성과 어울리게 한강의 다리는 크고 실용적이며 다리 이름도 제1, 제2와 같이 순서를 나타내거나 지역 이름이 붙어 있다. 한강의 다리 중에도 역동적인 이미지와 함께 서울을 상징하는 낭만적이고 밝은 이미지의 다리가 있었으면 좋겠다. 한강 다리가 크다는 것은 모두 알지만 크기보다 의미와 이야기가 담긴 다리가 있다면 서울 시민들과 여행객에게 하나의 이야깃거리를 제공할 것이다.

오렌지색으로
일체감 조성

　　매년 국왕의 날이 되면 네덜란드는 오렌지색 물결을 이룬다. 사람들은 오렌지색 옷, 왕관, 모자, 그리고 소품으로 치장하고 국왕의 생일을 축하하고 즐긴다. 세계인들이 오렌지색 하면 네덜란드를 떠올릴 정도로 오렌지색은 네덜란드 상징색으로 정착되었다. 올림픽이나 월드컵과 같은 국제경기에 출전하는 네덜란드 선수들의 유니폼은 한결같이 오렌지색이다. 오렌지색은 네덜란드의 또 다른 상징인 오렌지색 튤립과 치즈 색과도 비슷하여 네덜란드의 상징 색으로 더욱 각인되었다.

　　오렌지색이 네덜란드의 상징인 된 기원은 제2차 세계대전 당시 네덜란드를 점령한 나치의 통치에서 비롯되었다. 사람들은 네덜란드 정체성을 말살하려는 나치의 억압에 항거하는 무언의 시위를 벌였다. 네덜란드 국기 사용이 허용되지 않자 세탁물을 널면서 의도적으로 국기 색깔인 파랑, 빨강, 하양 색깔의 세탁물을 같이 널었다. 그리고 과거 스페인으로부터 독립운동을 전개한 빌렘Willem 공작과 네덜란드 왕가인 오라녜나사우Oranje-Nassau 가문을 상징하는 오렌지색 세탁물도 같이 널었다. 정신적 지주인 빌렘과 왕을 상기하며 네덜란드의 독립 정신을 고취하자는 의미로 오렌지색 세탁물을 널었던 것이다.

처음에 오렌지색은 압제에 대한 항거의 상징이었다. 이후 오렌지색은 왕을 중심으로 화합, 승리, 그리고 환호의 의미로 승화되었고 네덜란드의 상징 색이 되었다. 국제 경기를 할 때면 네덜란드 응원석에서는 오렌지색 물결과 함께 오렌지가 최고라는 "오라녜 보벤Oranje Boven" 구호가 울려 퍼진다. 네덜란드 왕가는 프랑스와 독일에 뿌리를 두고 있다. 오라녜나사우 왕가는 오라녜 가문과 나사우 가문이 합쳐진 이름이다. 오라녜 가문은 중세 프랑스 남부 아비뇽 근처 오랑주(오렌지) 지역을 다스리던 가문이다. 나사우 가문은 독일 프랑크푸르트 지역을 기반으로 한 가문으로 현 네덜란드 지역도 통치했다. 오라녜 가문 공주가 나사우 가문에 시집간 후 오라녜 가문의 후계가 끊기자 오라녜 가문 칭호가 나사우 가문에 넘어가 오라녜나사우가 된 것이다. 네덜란드의 상징 색인 오렌지색은 프랑스에서 유래했고 왕가는 독일에서 유래했다.

네덜란드 국민은 상징 색과 정신적 지주가 그들이 딛고 사는 네덜란드 땅에서 유래하지 않았지만 받아들이고 정착시켰다. 한국에서 2017년에 팔린 승용차 세 대 중 한 대가 하얀색일 정도로 한국 사람들은 역사적으로 평화, 순수, 그리고 정의의 상징인 하얀색을 좋아한다. 또한 축구 응원단인 붉은 악마가 있다. 하지만 한국 사람들이 일체감을 느끼는 한국의 상징 색은 아직 불분명하다. 한국 사람들이 일체감을 느끼고 기분이 상승되고 환호할 수 있는 상징 색이 있으면 어떨까 하는 생각이 든다.

신뢰하는 사회

둘

국민에게
사랑받는 왕실

       1999년, 32세의 네덜란드 왕세자 빌름은 28세의 아르헨티나 아가씨인 맥시마를 처음 만났다. 서로의 사랑을 확인한 빌름은 네덜란드 국민들에게 맥시마를 소개하고 결혼할 것임을 알렸다. 그러나 맥시마가 아르헨티나 군사 독재 정권 장관의 딸이자 가톨릭교도라는 이유로 결혼을 승인하는 의회와 신교를 믿는 종교계의 반대에 부딪혔다. 순탄치 않은 상황에서 빌름은 사랑을 위해 왕위 계승을 포기하겠다고 선언했다. 국민들은 사랑을 위해 모든 것을 던진 빌름을 위해 정치권과 종교계에 결혼을 허용하도록 압력을 가하고 의회는 맥시마의 부모가 결혼식에 참석하지 않는 조건으로 결혼을 승인하게 된다. 빌름 왕세자는 2002년 결혼 후 순탄한 결혼 생활을 지속했고 2013년 어머니로부터 왕위를 물려받아 국왕이 되었다.

빌름 국왕 내외에 대한 국민들의 지지도는 90%다. 맥시마 왕비는 단지 행사에만 참여하는 상징적인 왕비가 아니라 국제무대에서 일한 경험을 살려 외교에서 중요한 역할을 하며 활발히 활동하고 있다. 세 자매를 양육하는 어머니의 역할도 충실히 수행하고 있으며 국민들과도 친밀히 소통한다. 사랑을 위해 왕위 계승도 포기하겠다고 선언한 빌름의 박력, 명분을 살리며 실리를 얻는 네덜란드의 합의 정신, 그리고 네덜란드 문화에 적응하며 자신의 역할을 수행하는 맥시마의 적극성이 여전히 네덜란드 왕실이 사랑받는 이유라고 생각한다.

맥시마 왕비의 행복한 모습과 대비되는, 영국의 왕세자빈이었던 다이애나가 떠오른다. 1981년 스무 살의 다이애나는 서른세 살의 찰스 왕세자와 결혼한다. 찰스는 사랑하는 여자가 있었지만 그 여인이 이혼녀였기에 왕위 계승 문제와 난관을 극복할 용기와 결단력이 없어 그녀 대신 다이애나를 택한다. 그런 결혼이었기에 두 사람의 결혼 생활은 행복할 수 없었다. 결국 두 사람은 이혼을 했고 다이애나는 1997년 서른여섯의 나이에 자신을 쫓는 파파라치를 피하다가 교통사고로 굴곡진 생을 마감한다. 찰스의 우유부단함과 미련으로 다이애나는 비련의 여인이 되었고 찰스는 국민의 신망을 잃었다.

왕실에 시집간 두 여인의 상반된 인생행로를 보면서 결혼한 여자의 행복은 결혼으로 주어지는 신분이나 타이틀보다는 진정으로 사랑하는 남자를 만나 사랑을 받고 안정된 삶 속에서 능력을 발휘하며 활기차게 사는 데 있지 않을까 싶다. 옛날 광고에 "남자는 여자 하기 나름"이라는 광고 카피가 있었는데 "여자는 남자 하기 나름"도 옳다는 생각이 든다.

준법정신과
존중받는 공권력

　　길을 걸어가다 한국 사람에게 익숙하지 않은 광경을 보았다. 노년 부부가 두 명이 타는 자전거를 타고 가다 교통법규를 위반했다. 젊은 경찰이 딱지를 떼자 아무런 이의 제기도 하지 않고 다소곳하게 서 있다. 궁금하여 옆에 있는 사람에게 무슨 일이냐고 물어보았더니 보면 모르냐는 표정으로 두 사람이 교통법규를 위반하여 경찰에 적발되었다고 간단히 요점만 대답한다. 이 질문과 답에는 각자의 다른 의도가 담겨 있다. 질문에는 자전거가 위반했으면 얼마나 큰 위반을 했겠느냐, 나이가 많은 분들인데 양해를 해야 하지 않겠느냐라는 주관적인 생각이 담겨 있고 대답에는 교통법규를 위반한 사실과 이에 따른 처벌이라는 원칙에 초점이 맞춰져 있다.

　　한국의 한 관광객이 홍콩에 여행을 갔다가 홍콩 경찰에게 과하게 의사 표현을 하여 홍콩재판소에 넘겨진 적이 있다. 본인은 문제가 될지 몰랐다고 말했다. 똑같은 행동이 한국에서는 문제가 되지 않았는데 홍콩에서는 문제가 된 것이다. 몇 년 전 미국에서 한 할아버지가 노숙자에게 정해진 장소가 아닌 곳에서 음식을 주어서 경찰에 적발되었다는 뉴스가 있었다. 신념에 앞서 법을 위반한 사실과 법 집행이 원칙적으로 이뤄지는 것을 보여주는 예다. 우리는 고위공직자 청문회에서 법규를 위반한 후보들이 통상적인 관례였다고 대답하는 모습과 위법을 적발하고도 원칙대로 처리하지 않고는 정서상 어쩔 수 없었다고 대답하는 상황을 많이 보아왔다. 법규와 규정 위반이 관례와 정서로 포장되고 관례와 정서는 불평등하게 적용됨으로써 일반 국민의 준법정신까지 약화되었다.

네덜란드는 부패 정도에 있어 북유럽 국가와 함께 가장 깨끗한 나라로 손꼽힌다. 공직 사회와 공권력을 행사하는 경찰이 깨끗하니 국민은 경찰을 존중하고 법 집행에 순응한다. 공권력이 제대로 발휘되려면 공권력이 권위를 가져야 하고 그 권위는 국민으로부터 나온다. 우리나라와 같은 아시아 국가인 싱가포르는 네덜란드보다도 더 깨끗한 나라다. 싱가포르의 일인당 국민소득은 유럽의 상위권 수준으로 매우 높다. 부패를 위해 돈이 사용되지 않고 국민을 위해 투명하게 사용되니 잘살 수밖에 없다. 싱가포르는 정치에 비민주적인 요소가 있음에도 깨끗한 사회와 높은 소득수준으로 인해 자국민과 세계로부터 좋은 평가를 받고 있다.

같은 유교문화권이면서도 준법정신이 높고 부패 정도가 우리보다 훨씬 낮은 싱가포르와 홍콩으로부터 배울 점이 많다. 사람 간의 위계를 존중하고 따뜻한 사회를 만들려는 좋은 의미의 신념은 사적인 관계에만 적용되어야 함과 사실과 원칙에 입각한 법집행, 그리고 국민이 존중해주는 권위 있는 공권력의 중요성을 다시금 일깨워준다.

갑과 을이
없는 사회

네덜란드는 꽃의 나라답게 동네 길가나 상가에서 꽃집을 쉽게 볼 수 있다. 네덜란드 사람들의 꽃 사랑은 그들의 일상을 보면 느낄 수 있다. 공항에서 귀국하는 가족에게 꽃을 선사하고 주기적으로 집에 놓을 꽃을 산다. 누구나 꽃을 좋아하여 네덜란드 사람에게 선물을 해야 한다면 꽃을 선택하면 된다. 선물용 꽃의 가격은 보통 만 원 내외이며 화환이나 동양 난같이 화려하고 비싼 종류는 수요가 없어 꽃 가게에서 판매하지 않는다. 개인적인 선물을 할 때 꽃 이외에는 초콜릿과 같은 만 원 내외의 물건을 선택한다. 회사에서는 크리스마스 때 고객에게 2만 원 내외의 와인이나 케이크를 선물하기도 한다. 우리의 백화점에서 판매하는 고가의 선물용 식품 상품은 없다.

네덜란드는 갑과 을의 개념이 없다. 오히려 일상에서는 우리의 갑에 해당하는 고객과 을인 공급자나 판매자의 입장이 뒤바뀐 느낌을 종종 받는다. 물품을 배달하거나 인터넷을 연결하거나 보일러를 점검하기 위해 회사 담당자가 집을 방문할 때 시간을 정하지 않는다. 보통 오전 여덟 시에서 열두 시 또는 오후 한 시에서 다섯 시 사이처럼 네 시간 안에 가는 것으로 정하기 때문에 고객은 집에서 대기해야 한다. 사회생활에서도 갑과 을이 정해져 있는 것이 아니고 상황에 따라 갑도 되고 을도 되어 맡은 일을 충실히 할 뿐 권위적인 갑과 눈치를 봐야 하는 을의 관계는 없다. 관공서와 민원인 사이 또한 마찬가지다. 수평적인 관계로 이뤄진 네덜란드 사회에서는 고마운 마음을 전하는 소박한 선물 이상의, 편의나 청탁을 위한 고가의 선물은 주고받지 않는다.

나는 초등학교 때 키가 컸던 탓에 주로 교실 맨 뒤에 앉았다. 자연히 교실 뒤편에 앉은 급우들과 친구가 되었다. 어느 날 뒤편에 앉았던 한 친구가 갑자기 앞에 앉게 되어 섭섭했다. 뒤편에 남아 있던 친구들은 그 친구의 어머니가 학교에 다녀간 것을 알았고 그 후 촌지라는 말을 알게 되었다. 중학교 시절 가게를 운영하던 친구 집에 놀러 갔다가 친구 아버님의 부탁으로 친구와 함께 파출소에 설탕 포대 여러 개를 가져다주는 심부름을 했다. 대학교 때 사회의 모순에 고민하던 친구가 대학원에 가서 연구실 조교를 하며 간이 영수증을 추가로 챙기며 갈등하던 모습도 보았다. 해외 근무를 마치고 귀국할 때 윤리를 강조하던 회사 선배는 귀국 이삿짐 통관 때 봉투를 준비하라고 했다. 통관 장소에서 봉투를 언제 줘야 할지 몰라 망설이다 이삿짐 상자를 차례차례 풀었다가 다시 싸야 했다. 학교에서 배운 바른 생활, 도덕, 윤리의 내용과 현실은 차이가 있었고 불합리한 현실은 관행이란 핑계로 행해졌다.

김영란법이 시행되었다. 김영란법 시행 이전부터 부조리를 없애려고 노력했지만 쉽지 않았고 이제 김영란법으로 효과가 나타나리라 기대하고 있다. 다른 한편으로 선물용 축산, 수산물, 과일, 화훼 상품의 소비가 위축되고 외식업이 타격을 받을 것이란 분석이 있다. 2015년 한국의 60만 개 회사들이 접대비로 지출한 금액이 약 10조 원이다. 회사에서는 김영란법으로 절감된 접대비로 직원들과 사회 소외 계층을 위해 농수산물 상품권을 나눠주면 어떨까. 어쩔 수 없이 지출했던 경조사비를 아낀 가장들은 동네 식당에서 외식을 하고 귀가할 때 가끔 꽃을 든 남자가 되길 바란다. 더치페이를 하면 인간미가 줄어든다는 견해도 있다. 한국 사람들은 언제 밥 한 번 먹자는 빈말을 많이 한다. 서로 바쁜 이유도 있지만 사는 경우는 부담되고 얻어먹는 경우는 체면 때문에 빈말이 되곤 했다. 이제는 부담 없이 날짜를 정해 더치페이로 밥을 먹으며 인간미를 더욱 높일 기회가 많아지기를 바란다.

효율적이고 창의적인 행정과 제도

셋

조용하고
돈 들지 않는 선거

헤이그Hague에는 안쪽 정원 또는 뜰을 뜻하는 비넨호프Binnenhof라는 장소가 있다. 비넨호프는 국회의사당과 수상집무실이 있는 건물로 둘러싸여 있는 곳으로 네덜란드의 정치 중심지라는 의미를 지닌다. 비넨호프 중앙에는 기사의 방Hall of Knight이라는 뜻을 지닌 13세기에 세워진 고딕 양식의 건물 리더잘Ridderzaal이 있다. 리더잘은 네덜란드의 공화정 시대에 각 지역의 대표들이 회의했던 네덜란드 의회의 모태가 된 건물이다. 국회의사당이 건립된 후에는 중요한 국가행사와 국제회의가 열리는 건물로 사용되고 있다. 이준 열사가 참가하려 했던 만국평화회의도 리더잘에서 열렸다. 네덜란드 국왕이 예산안에 대한 설명을 포함하는 연례 연설을 하는 건물이기도 하다.

네덜란드는 국왕이 있고 국가수반인 수상이 의원내각제를 운영하는 왕국이다. 의회는 실질적인 입법 활동을 하는 하원과 하원에서 발의된 법안을 심사하는 상원으로 구성된 양원제다. 하원 의원은 150명으로 국민이 직접선거로 선출하고 상원 의원은 50명으로 지방의회가 간접선거로 선출한다. 하원 의원은 21개 선거구에서 비례대표제로 선출된다. 각 정당은 당선 순서가 정해진 후보자 명부를 발표하고 국민은 후보자 한 명에게 투표한다. 정당에 투표하는 것이 아니고 후보자에게 투표하기 때문에 원칙적으로 정당 비례대표제는 아니다. 그러나 국민의 80%가 선호하는 정당의 정당 대표라고 할 수 있는 수상 후보나 당수인 1번 후보에게 투표하기 때문에 정당 비례대표제의 성격이 짙다.

각 후보가 얻은 득표수를 소속 정당별로 집계하여 정당별 의석이 배분된다. 의석이 배분되면 각 정당의 후보자 순위대로 당선자가 결정된다. 대부분 후보자 명부 순위에 따라 당선자가 결정되지만, 간혹 득표를 많이 한 후보가 있으면 앞 순위 후보를 제치고 당선되기도 한다. 지역구가 나뉘어 있으나 정당 대부분이 모든 지역구에 같은 후보자 명부를 내기 때문에 전국이 단일 선거구라고 할 수 있다. 21개 지역구로 나뉘어 있는 것은 선거 관리를 위한 것이지 우리나라처럼 지역별 국회의원을 선출하기 위한 것은 아니다. 즉, 네덜란드 국회의원 선거제도는 원하는 후보에게 투표하는 정당 비례대표제라고 할 수 있다. 정당은 지역구 경합이 없어서 지역구를 유지할 필요가 없다. 정치자금이 사용되지 않아 정경 유착이 없고 이권이나 청탁 대가로 지급하는 불법 정치자금도 없다. 상대 후보에 대한 비방이나 악성 소문도 유포하지 않는다. 유권자는 정당의 정책을 보고 투표하며 지역 간 편차도 없다.

투표 기간에도 입후보자의 포스터는 있지만 현수막이나 차량 유세, 연설을 하는 소란스러운 정치 행사는 없다. 위임장을 소지하면 대리 투표도 가능할 정도로 신뢰가 바탕이 된 선거 문화를 가지고 있다. 나라의 크기가 작고 지역 간 문화, 역사, 경제적 편차가 적은 네덜란드에 맞는 최적의 선거 제도라고 할 수 있다. 그러나 일정 득표율로 의석 확보가 가능하여 정당이 난립하는 부작용도 있다.

우리나라의 선거는 지역 편차, 지역구 유지 비용, 정경 유착, 그리고 불법 정치자금이라는 고질적인 문제를 안고 있다. 정치는 세금, 복지, 의료 등 우리 생활과 밀접한 관련이 있다. 정치에 관심이 없다고 등 돌리기보다는 우리 지역의 국회의원은 누구인지 어떤 활동을 했으며 얼마나 청렴한지 등에 대해 좀 더 관심을 가져보자. 우리나라는 다국적 기업들이 신제품이나 서비스를 정식 출시하기 전에 미리 테스트해보는 나라다. 우리 국민이 요구하는 제품과 서비스의 수준이 높기 때문이다. 정치도 서비스라는 측면에서 우리 국민의 정당한 판단 기준과 매서운 눈초리가 정치와 선거 문화를 향상시킬 것이다.

일관된 행정구역과
간편한 주소 체계

　　네덜란드에서 시청은 정확히 말하면 기초 자치단체 관청을 의미한다. 자치단체 관청은 자치단체를 뜻하는 헤민테Gemeente와 관청의 의미를 지닌 하우스Huis를 합쳐 헤민테하우스Gemeentehuis라고 부른다. 네덜란드의 지방 자치단체는 열두 개 주와 암스테르담과 로테르담의 대도시로 된 광역 자치단체와 550개의 기초 자치단체로 구성되어 있다. 기본적으로 한 도시가 한 개의 기초 자체단체를 구성하나 인구가 적은 도시는 인근 도시와 함께 기초 자치단체를 구성한다. 총 700여 개의 도시가 550여 개의 기초 자치단체를 구성하고 있다.

　　네덜란드 일반 시민들의 민원과 행정 업무는 우리의 주민 센터 역할을 하는 이 기초 자치단체 관청에서 이뤄진다. 광역 단체는 중앙 정부와 기초 자치단체 간 그리고 산하 기초단체 간의 현안을 조정하는 역할을 한다. 지방자치 단체장은 국왕이 임명하는 임명직으로 자치단체 대표자를 의미하는 버거메이스터Burgemeester라고 불린다. 자치단체의 운영은 주민에 의해 선출된 기초단체 의원, 그리고 그들로 구성된 기초 의회에서 자치단체 운영 위원을 선출하여 버거메이스터와 함께 행정 위원회를 구성하여 공동으로 이뤄진다. 이처럼 네덜란드의 자치단체 운영은 임명직과 선출직이 함께하고 운영 형태는 의회에서 운영 책임자를 선출하는 내각제이다.

네덜란드의 모든 기초 자치단체는 같은 형태이며 이는 일정한 행정구역과 이를 뒷받침하는 주소 체계에 기인한다. 우리나라의 예를 들면 경기도는 수원시, 성남시와 같은 시와 연천군, 가평군과 같은 군으로 구성되어 있다. 다시 수원시는 영통구처럼 구로 연천군은 읍과 면으로 나뉘는 하부 행정구역을 가지고 있다. 이에 반해 네덜란드의 모든 주는 시로만 구성되어 있고 시는 헤민테를 구성하는 최하위 행정단위다. 따라서 네덜란드의 헤민테하우스는 우리의 시청, 군청, 구청, 주민 센터를 모두 포함하는 개념이다. 주소는 시, 도로명, 번지 세 단계로 구성된 도로명 주소 체계로 물류나 인터넷 사용이 편리하다. 네 자리 숫자와 두 자리 알파벳으로 된 우편번호 또한 유용하다. 관공서나 상점, 또는 전자 상거래 시 우편번호와 보통 두 자리 숫자로 된 번지수만 입력하면 도로명이 온라인상에 자동으로 나타나 주소 확인이 가능하다 (예 1234AB, 56).

한국이 IT 강국이 된 뒷받침 중 하나가 과학적 구조를 가진 한글 덕분이라고 한다. 중국어와 일본어는 음을 영어로 입력한 후 한자를 다시 찾아서 입력해야 한다. 이에 반해 한글은 바로 입력하기 때문에 중복해서 입력하는 언어보다 훨씬 빠르다. 또한 한국 어린이는 칠판에 쓴 여러 개의 숫자를 잘 기억한다. 숫자를 한글로 읽으면 한 음절로 되어 있어 여러 음절로 된 언어를 사용하는 나라의 어린이보다 숫자를 빨리 기억하는 것이다. 사람들의 일상을 뒷받침하는 사회 인프라는 교통, 통신, 주거와 같은 하드웨어적인 인프라와 이를 운영하고 소통하는 언어, 행정구역, 주소 체계와 같은 소프트웨어적인 인프라로 나뉜다. 소프트웨어 인프라의 변경과 개선에 불편은 있겠지만 우리의 여건에 맞게 장기적인 안목에서 합리적으로 개선하고 구축하여 우리의 일상이 더욱 효율적이고 편리해졌으면 한다. 물론 잦은 교체로 인해 세금을 낭비하거나 불필요한 인력이 들지 않도록 장기적인 계획과 실행이 필요하다.

쓰레기 분리수거와
재활용

        네덜란드도 일반 생활 쓰레기와 재활용 쓰레기를 분류하여 버린다. 일반 쓰레기는 다시 마른 쓰레기와 나뭇잎과 같은 식물과 음식 찌꺼기 같은 젖은 쓰레기로 나누고 마른 일반 쓰레기는 슈퍼에서 파는 검은 비닐 봉투에 넣어 쓰레기 수거함에 넣는다. 동네 곳곳에 쓰레기 수거함이 설치되어 있으며 수거함은 땅속에 있는 커다란 컨테이너 형태로 땅 위에 있는 투입구를 통해 쓰레기를 버린다. 수거함이 설치되어 있지 않은 오래된 동네는 가정에 비치된 쓰레기통에 마른 쓰레기를 검은 비닐 봉투에 넣어 수거하는 날 집 밖에 내놓는다. 젖은 쓰레기는 쓰레기 수거함에 버리지 않고 각 가정에 비치된 초록색 통에 넣어 축축한 쓰레기를 수거하는 날에 집 밖에 내놓는다. 쓰레기 종량제는 실행하지 않으며 각 가구에서 쓰레기 수거 비용을 낸다.

재활용 쓰레기를 버리는 방법은 두 가지다. 동네에 설치된 재활용 쓰레기 수거함에 버리는 방법과 동네 외곽에 있는 재활용 쓰레기장에 버리는 방법이 있다. 동네에 설치된 재활용 쓰레기장은 종이, 의류, 병, 플라스틱으로 나뉘어 있다. 플라스틱의 경우 상품 포장지를 포함한 모든 종류의 플라스틱 쓰레기이며 투명한 플라스틱 봉투에 넣어 버린다. 동네에 설치된 일반 생활 쓰레기나 재활용 쓰레기 수거함은 쓰레기 수거 차량이 수거함을 통째로 들어 올려 간편하게 거둬간다. 이사를 하거나 집수리를 하면 가전제품, 가구, 철제류와 같은 다양하고 부피가 큰 재활용 쓰레기가 나온다. 이러한 부피가 큰 재활용 쓰레기는 동네 외곽에 설치된 더욱 세분화된 쓰레기 수거장에 분류하여 버린다.

이처럼 네덜란드에서는 쓰레기를 분류하고 단계별로 나눠서 버린다. 동네의 쓰레기 수거함 용량이 충분하여 쓰레기봉투가 수거함 밖에 버려져 있는 경우는 없다. 젖은 쓰레기는 정해진 날에 바로 거둬가기 때문에 밖에 버려져 악취가 나는 경우도 없다. 젖은 쓰레기에 포함되는 네덜란드 음식 찌꺼기는 물기가 없어 악취가 별로 나지 않는다. 쓰레기를 처리하는 방법으로 한 나라의 발전 정도를 평가하기도 한다. 후진국 단계에서는 아무 데나 구분 없이 쓰레기를 버린다. 저개발 단계에서는 쓰레기를 지정된 장소에 버리지만, 분리하지는 않는다. 개발 단계에서는 분리하여 버리지만, 분리의 정도가 세분화되어 있지 않다. 선진 단계에서는 세분화하여 쓰레기를 버린다. 세분화하여 버리고 분리수거를 하는 우리나라는 선진 단계에 속한다고 할 수 있다.

우리가 시행하는 쓰레기 종량제는 쓰레기양을 줄이는 효과가 있으며 다른 나라에서도 시행하고 있다. 어느 네덜란드 사람은 "서울을 방문하기 전에는 방콕 같은 도시일 것이라 생각했는데 와서 보니 싱가포르더라"라고 할 정도로 우리나라 도시의 대로 변은 깨끗하다. 그러나 상가나 음식점이 밀집한 이면도로에는 쓰레기를 담은 봉투가 버려져 있고 음식물 찌꺼기가 새어 나와 악취를 풍기기도 한다. 쓰레기 수거함을 충분히 만들고 쓰레기를 제때 거두면 거리가 더 깨끗해지리라 생각한다. 우리는 음식을 줄 때 넉넉하게 줘야 인정이 있다고 생각하는데 음식물 쓰레기를 버릴 때는 종량제 봉투가 터질 정도로 꽉꽉 담아 버린다. 오물이나 오수가 새어 나오지 않도록 쓰레기를 약간 여유 있게 담으면 쓰레기를 버리러 갈 때도, 길가에 버려진 쓰레기가 주는 불결함도 줄어들 것이라고 생각한다.

2018년 초 실시된 중국의 폐기 플라스틱과 비닐 수입 규제로 한국을 포함하여 폐기물 처리에 소홀했던 나라들이 골머리를 앓고 있다. 네덜란드에서는 생수나 음료수를 구매할 때 병값을 별도로 지급한다. 대신 빈 페트병을 슈퍼에 반환하면 병값을 돌려받는다. 네덜란드 일반 슈퍼는 계산대가 서너 개 있는 규모로 우리의 편의점보다는 크고 마트보다는 작다. 슈퍼 한편에 재활용 병을 반환하는 기계가 있고 일부 슈퍼에는 환경에 악영향을 주는 건전지, 전구 등을 수거하는 장치가 설치되어 있다. 유기농 제품을 주로 취급하는 한 슈퍼 체인은 플라스틱 포장재를 사용하지 않은 제품 진열대를 갖추고 있다. 한 건설회사는 도로 건설에 사용되는 아스팔트를 대체하기 위해 재활용 플라스틱을 활용하는 자재와 공법을 개발하고 있다. 이처럼 네덜란드는 플라스틱 포장재와 비닐 사용을 줄이려는 노력과 함께 분리 배출과 활용 방법 개발을 통해 환경 문제를 해결해 나가고 있다.

네덜란드는 중국의 폐기물 수입 규제 조치에 별다른 영향을 받지 않는다. 유럽의 한 환경단체의 발표에 의하면 우리나라의 일인당 플라스틱 포장재 사용량은 세계 2위라고 한다. 기본적으로 플라스틱 사용을 줄이는 노력과 함께 분리 배출이 더욱 편리했으면 한다. 편의점은 공간 문제, 대형마트는 접근성 문제로 반환 기계를 설치해도 실효성이 낮은 것으로 나타났다. 공간이 확보되고 접근성이 양호한 주민 센터나 학교에 설치하는 것도 한 방법이라고 생각한다.

: 국민이 만드는,
  행복도가 높은 사회

상시로 열리는
벼룩시장

네덜란드 벼룩시장은 세계적으로 유명하다. 네덜란드 국왕 생일을 맞아 전국적으로 열리기 때문이다. 이러한 전국적인 규모의 벼룩시장도 있지만 매주 지역과 도시별로 돌아가면서 벼룩시장이 열린다. 벼룩시장을 주선하는 단체나 업체가 연초에 벼룩시장의 일정과 장소를 정해 인터넷으로 공지하며 열리기 2주 전부터 해당 지역의 광고 간판에 벼룩시장이 열린다고 광고도 한다. 주로 체육관이나 강당 같은 공공건물에서 주말에 열리며 물건을 팔고자 하는 사람은 4m×1m 크기의 가판대 하나당 20유로를 내고 사고자 하는 사람은 5유로의 참가비를 내고 입장한다.

판매자는 대부분 가정에서 쓰던 물품을 처분하고자 하는 일반 사람들이다. 그러나 일정별로 열리는 벼룩시장을 찾아다니며 중고 물품을 파는 중고 전문 상인들이나

중고 물품 판매를 취미로 하는 사람들도 있다. 이들은
주중에는 가사나 시간제 일을 하고 주말에는 벼룩시장
에서 물품을 판매한다. 벼룩시장은 필요한 물건을 저
렴하게 구입할 수도 있고 찻잔 세트처럼 일부분이 없
어졌거나 망가진 상품에서 필요한 부분만 찾아서 세트
를 맞춰주는 역할도 한다. 네덜란드도 고령 인구가 증
가하고 있고 독거노인이 집에서 홀로 생을 마감하는
일도 많이 생기고 있다. 이런 경우에도 중고 물품 취급
업자가 고인의 물품을 인수하여 중고품 판매점과 벼룩
시장에서 판매한다.

　벼룩시장은 물건을 함부로 버리지 않고 재활용하
는 기능을 한다. 신제품을 사는 사람과 벼룩시장을 이
용하는 사람은 소득 수준과 구매 성향이 다르고 벼룩시
장은 신제품 시장을 보완하는 역할을 하여 벼룩시장이
신제품 시장을 잠식한다는 우려는 없다. 벼룩시장이 열
리면 물건을 판매하는 가정의 아이들도 참가하여 물건
을 팔고 일을 한다는 것의 가치를 경험한다. 구매하는
가정의 아이들은 검소한 소비를 배운다. 벼룩시장은 참
가자들 모두가 물건을 함부로 버리지 말고 재활용하여
쓰레기를 줄이자는 인식을 쌓는 환경 교육의 장이기도
하다.

일인당 국민소득 5.5만 달러인 네덜란드 사람들이 벼룩시장에서 중고 물품을 팔고 사는 모습은 일인당 국민소득 3만 달러인 한국 사람 눈에는 궁상맞아 보일 수도 있다. 네덜란드에서 순위를 결정하는 대회나 운동 시합에서 입상자에게 주는 상품이나 참가자에게 나눠주는 경품은 놀랄 정도로 작고 사소하다. 한 골프장 클럽하우스에서 한국 사람들을 위한 대회 시상식과 네덜란드 사람들을 위한 대회 시상식이 간격을 두고 열린 적이 있었다. 한국 입상자가 커다란 상자를 들고 가는 모습과 네덜란드 입상자가 골프공 세 개를 받고 좋아하는 모습이 대비되었다. 네덜란드 도로에서는 한국에서 이미 단종되어 볼 수 없는 한국산 차들이 말끔한 상태로 다니는 것을 볼 수 있다. 유럽의 상위권 부국임에도 체면, 눈치, 그리고 겉치레보다 넘치지 않고 실속 있게 사는 네덜란드 사람들의 본모습이다.

넛지를 활용한
공중도덕 개선

　　1990년대 초 암스테르담 공항 남자 화장실 소변기 안에 파리가 한 마리씩 그려져 있었다. 사람들은 소변기 안에 있는 파리를 보고 진짜 파리로 착각하기도 했다. 암스테르담 공항 청소책임자의 가장 큰 고민은 남자 화장실 바닥이나 벽에 튄 오물을 청소하는 일이었다. 고심 끝에 소변기 안에 사람들이 싫어하는 파리를 그려 넣고 파리를 조준하면 소변이 튀지 않게 하는 해결책을 생각해냈다. 이에 아이디어를 얻은 소변기 제작 회사는 각도를 계산하여 소변기를 개발했고 공항 화장실에 설치했다. 새로 교체한 소변기는 파리 대신 골프 홀 깃대가 그려져 있거나 그림 없이 같은 효과를 낼 수 있도록 정교하게 디자인되었다.

　　2017년 노벨 경제학상 수상자는 넛지Nudge 이론을 정립한 미국 경제학자 리처드 탈러Richard Thaler다. 넛지의 원래 의미는 '팔꿈치로 툭 친다'다. 넛지 이론은 사람의 심리를 기반으로 다른 사람들에게 직설적으로 지시하거나 권유하지 않고 올바른 선택을 하도록 자연스럽게 개입하여 경제적 효용성을 얻는다는 개념이다. 넛지 이론을 발표한 리처드 탈러는 2009년 그에 관한 책을 출간하기도 했다. 이 넛지 이론의 대표적인 적용 사례가 바로 암스테르담 공항의 파리가 그려진 소변기다. 그러나 암스테르담 파리 소변기는 넛지 이론이 소개되기 약 20년 전에 고안되었다. 다시 말하면 암스테르담 공항 청소팀이 넛지 이론의 선구자인 셈이다.

넛지 이론이 소개된 후 세계 여러 곳에서 넛지를 적용하며 실효를 거둔 사례들이 발표되었다. 네덜란드에는 넛지를 고안하고 개발하여 적용시키는 연구 그룹이 있다. 2015년 네덜란드에서 선보인 위컵Wecup은 넛지 이론이 소개된 이후 가장 실효성이 입증된 넛지 사례 중 하나다. 위컵은 음악회, 집회, 놀이, 그리고 공연과 같은 야외 행사 후 발생하는 쓰레기를 수거하기 위해 고안된 것으로 상반된 견해나 선호하는 대상이 적힌 투명한 두 개의 대형 쓰레기통 중에서 하나를 선택하여 쓰레기를 넣어 자신의 의견을 투표하는 것이다. 주로 행사의 내용, 주제, 그리고 인물에 관련된 선택을 하고 일반적인 현안이나 관심사를 선택하기도 한다. 사람들은 자신이 옳다는 것을 보여주기 위해 기꺼이 쓰레기를 쓰레기통에 넣는다.

우리도 일상에서 간단한 넛지를 실행하며 살고 있다. 부모는 자녀를 훈육할 때 직접적인 언급보다는 훈육하고자 하는 내용이나 사례가 포함된 책이나 신문을 아이 눈에 띄는 곳에 두어 자연스럽게 읽게 만든다. 아내의 생일과 결혼기념일을 종종 깜빡하는 남편에게 아내는 며칠 전부터 미역 음식을 주거나 결혼반지를 세면대에 놓아 기억을 환기시킨다. 한국에서는 불꽃놀이나 야외 콘서트 후 사람들이 버리는 쓰레기로 몸살을 앓는 일이 종종 있다. 하지만 한국이 월드컵에서 승리했을 때는 사람들이 자발적으로 쓰레기를 치웠다. 재미있고 기분이 좋으면 자발적으로 선한 행동을 하는 것이다. 넛지를 연구하고 위컵을 참고하여 작게는 야외 행사 후 버려지는 쓰레기 문제를 해결하고 크게는 다양한 우리의 생활을 더 쾌적하게 만들었으면 한다.

균형을 이루는 배려와 자유

넷

수상 가옥에 사는
자유로운 삶

도시를 가로지르는 강은 그 도시에 특별한 운치를 준다. 서울의 한강, 런던의 템즈강, 파리의 세느강이 그렇듯 암스테르담 운하 또한 암스테르담의 특별한 풍경이다. 100km에 이르는 암스테르담 운하 위에는 다른 도시와는 다른 또 하나의 풍경이 있다. 바로 2,700여 채에 달하는 수상 가옥이다. 수상 가옥은 두 가지 형태가 있다. 하나는 배를 개조해서 만든 수상 가옥이고 하나는 물에 뜨는 콘크리트판 위에 지은 수상 가옥이다. 모든 수상 가옥은 주소가 있으며 일상생활을 할 수 있도록 상하수도와 화장실이 갖춰져 있고 전기와 가스가 공급된다. 간혹 다른 곳의 수상 가옥에서 살고 싶어 이사를 한다면 이삿짐을 싸고 푸는 불편 없이 수상 가옥 자체가 견인되어 이동하기도 한다.

입지가 좋고 상태가 양호한 수상 가옥의 가격은 평당 10,000유로(약 1,300만 원) 정도로 20평인 수상 가옥의 가격은 약 2억2천만 원이며 암스테르담 인근 주거 지역의 일반 집보다도 비싸다. 암스테르담의 수상 가옥은 다른 나라의 수상 가옥과 달리 중산층 이상의 사람들이 살 수 있다. 여유가 있는 사람들은 수상 가옥을 별장으로 사용하기도 한다.

수상 가옥 자체는 개인 소유이나 운하는 암스테르담 시 소유이기 때문에 수상 가옥에 사는 사람들은 운하를 사용하는 면적만큼 사용료를 내야 한다. 암스테르담 외곽의 집보다 비싸고 운하 사용료도 내야 하는데도 수상 가옥을 선호하는 사람들은 동네에 모여 살며 남의 시선을 의식하거나 간섭 받지 않고 자유로운 삶을 맘껏 누리고 싶어서라고 한다. 또한 암스테르담의 도회적 분위기 속에서 물과 가까이 살며 자연 친화적인 삶을 즐기기 위함이기도 하다.

암스테르담의 수상 가옥은 네덜란드 사람들의 자유로운 삶의 방식과 개인의 선택을 존중하는 열린 자세를 보여주는 예다. 암스테르담 사람들은 수상 가옥이 주거 문제에 도움을 주고 운하를 따라 늘어선 고풍스러운 가옥과 어우러져 암스테르담에 정취를 더해준다고 긍정적으로 생각한다. 네덜란드의 일부 건설 회사들은 미래의 주택용지 부족에 대비하여 새로운 공법으로 지은 수상 주택을 선보이기도 했다. 물과 더불어 살아야 하는 네덜란드 사람들은 자연 친화적이고 에너지 효율적인 수상 주택을 꾸준히 개발하고 있다.

시민들이 만든
암스테르담 공원

암스테르담에서 가장 큰 공원인 본델 공원Vondel Park은 암스테르담을 대표하는 공원이다. 1850년경 암스테르담 시에서는 현재의 본델 공원 자리에 가스 공장을 세우려고 했다. 이 계획을 알게 된 크리스티안 반 에그헨Christiaan Pieter van Eeghen 이란 사람이 공원 건설 모임을 결성하고 시민들의 적극적인 참여 속에 모금 활동을 벌여 자금을 마련했다. 마련된 자금으로 가스 공장 부지를 사들인 후 당대에 가장 유명한 조경 건축가에게 설계를 부탁해 1865년 6월 15일에 공원을 개장했다. 1887년 유명한 시인 요스트 반 덴 본델Joost van den Vondel이 공원에서 연설한 '새로운 공원'이 시민들에게 깊은 감명을 주어 그를 기리기 위해 조각상을 세우고 공원 이름을 본델 공원이라 이름 지었다. 본델 공원은 계속 확장하며 암스테르담을 상징하는 공원이 되었고 네덜란드의 기념물로 선정되었다.

1960년 전 세계를 휩쓸었던 히피 시대에 본델 공원은 누구나 편히 쉬고 잠도 자는, 세계에서 가장 자유로운 공원으로 인식되었다. 암스테르담 시는 이런 본델 공원의 인식을 기반으로 본델 공원이 있는 암스테르담을 '호의와 관대함이 있는 도시'라는 이미지를 구축했다. 네덜란드 항공사인 KLM의 당시 슬로건도 "KLM을 타고 가서 본델 공원에서 자자"라고 할 정도였다. 젊음, 호의, 그리고 관대함을 상징하는 본델 공원은 한동안 절제를 잃고 문란한 장소가 되기도 했다. 이후 암스테르담 시는 공원에서 잠을 자면 안 된다는 내용을 포함하는 규정을 만들고 관리하여 본델 공원을 모든 시민이 편히 쉴 수 있는 공원으로 탈바꿈시켰다.

세계적인 도시에는 그 도시와 함께 연상되는 대표적인 공원이 있다. 런던의 하이드 파크Hyde Park, 파리의 불로뉴 숲Bois de Boulogne, 베를린의 티어가르텐 공원Großer Tiergarten, 도쿄의 우에노 공원, 그리고 뉴욕의 센트럴 파크Central Park가 있다. 이러한 공원들은 도시의 번잡하고 바쁜 일상에 지친 시민들이 언제든지 찾아가 휴식을 취할 수 있게 해준다. 아울러 회색빛 건물로 가득 찬 도시의 인공적인 이미지를 공원이 가진 초록색 자연의 이미지와 조화시켜 도시의 이미지를 밝게 만들어준다. 또한 공연장으로 활용하며 시민들의 문화적 욕구를 충족시킨다.

서울에도 크고 작은 공원들이 있다. 작게는 동네마다 있는 공원부터 크게는 북서울 꿈의 숲이나 성수 서울 숲, 넓은 부지를 차지하는 올림픽 공원 등이 있다. 날씨가 좋을 때는 반려동물과 함께 공원을 산책하고 자전거를 타고 가족과 함께 가벼운 운동을 하는 모습을 볼 수 있다. 어린이 대공원, 장충단 공원, 탑골공원 등 어린이와 중년, 노년을 상징하는 공원도 있다. 공원은 시민들이 여유로운 시간을 보낼 수 있는 장소이자 가족과 친구들이 함께 즐길 수 있는 장소이며 푸른 자연 속에서 신선한 공기를 마실 수 있는, 도시에서 없어서는 안 되는 장소다. 서울에는 여러 공원이 있지만 아직 지방에는 신경 써서 조성된, 시민들을 위한 공원이 많지 않다. 또한 서울의 인구를 고려하면 공원의 수는 아직 부족하다. 주기적으로 발생하는 미세먼지가 일상생활에 불편을 주고 건강을 위협하고 있다. 숲은 미세먼지를 감축하는 효과가 있는 것으로 알려져 있다. 도시를 푸르게 하고 쾌적함을 선사하는 것은 물론 건강까지 지켜주는 푸르른 공원이 많아지기를 바란다.

자연 친화적인,
집에서 떨어진 정원

세계 여러 나라에서 도시화가 진행되면서 전원생활을 동경하고 체험하고 싶어 하는 도시인들이 많아졌다. 그래서 전원생활을 동경하는 사람들을 위해 도시 인근에 특별한 정원이 만들어졌다. 거주 지역 밖에 만들어진 이 정원은 '집에서 떨어진 정원Far away Garden' 또는 '시로부터 할당받은 정원Communal Garden'이라 불린다. 네덜란드 또한 마찬가지다. 네덜란드에는 시로부터 저렴한 가격에 일정 면적을 임대받아 가꾸는 24만 개의 '집에서 떨어진 정원'이 있다. 집에서 떨어진 정원은 자연과 더불어 사는 네덜란드 사람들의 모습을 반영한다. 여름 휴가철에 집에서 떨어진 정원에서 휴가를 보내는 네덜란드 사람들도 있다. 보통 당일치기로 다녀가지만 농장 안에 조그만 오두막을 짓고 바비큐를 즐기며 캠핑을 하기도 한다.

: 국민이 만드는,
  행복도가 높은 사회

19세기 초 네덜란드는 자본가가 부를 독점하면서 자본가와 노동자 간의 빈부 격차가 점점 더 벌어졌다. 이러한 상황이 지속되자 19세기 중반 네덜란드 사회 민주화 운동가들은 농장 설립을 추진했다. 도시 노동자들이 신선한 농작물을 직접 경작하여 먹는다는 의미를 넘어 노동자 스스로 생산과 판매 과정에 이르는 농장을 경영하면서 자본가로 성장할 수 있는 사업 능력을 갖춰야 한다는 취지였다. 이러한 이유로 시작된 농장이 현재 집에서 떨어진 정원으로 발전했다. 이제는 정치 · 사회적 의미는 사라졌으나 도시와 전원생활을 병행하며 자연 친화적인 생활을 원하는 네덜란드 사람들에게 주목받고 있다.

현재 네덜란드의 집에서 떨어진 정원은 정원 소유자의 결정에 따라 농작물을 경작하기도 하고 단지 자연에서 휴식을 취하는 정원의 형태이기도 하다. 네덜란드의 주거 형태는 크게 아파트와 연립주택으로 나뉜다. 연립주택은 앞뒤로 조그만 정원이 있다. 네덜란드에는 정원 장식과 관리를 위한 물품과 도구를 파는 넓은 공간의 가든 센터가 도시 외곽에 있다. 가든 센터에서 정원 장식을 위한 수목, 화분, 장식물, 그리고 정원 관리와 경작을 위한 도구를 구매하는 일은 네덜란드 사람들의 자연스러운 일상 중 하나다. 정원이 없는 아파트에 사는 사람들은 집에서 떨어진 정원에서, 정원이 있는 집에 사는 사람들은 자신의 집 정원과 집에서 떨어진 정원을 가꾸며 살고 있다.

우리나라에도 도시 근교에 주말농장이 있다. 대규모 아파트 단지 위주의 주거 문화로 자연과 전원을 접할 기회가 적은 우리나라 사람들에게 주말농장은 자연 친화적인 생활을 경험할 수 있는 기회다. 한편 번잡한 도시를 벗어나 전원에서 인생을 새롭게 시작하거나 은퇴 후의 삶에 대한 관심으로 귀농이 사회적 화두가 되고 있다. 그러나 환경과 삶의 방식에 차이가 있는 곳에서 적응하며 처음 해보는 농사일을 하는 것은 쉬운 일이 아니다. 하지만 주말농장은 도시에 살면서 농작물 경작과 유통·판매에 이르는 과정을 배우는 귀농 준비 학교 역할도 할 수 있다. 단순히 재미로 농사를 하는 것이 아닌, 자연 친화적인 삶을 병행하고 귀농 준비에도 도움을 주는 체계적인 주말 농장이 많아졌으면 좋겠다.

: 국민이 만드는,
  행복도가 높은 사회

남을 배려하는
캠핑

암스테르담 외곽에는 야영장이 하나 있다. 암스테르담 공항에서 버스로 20분 거리에 있으며 야영장 입구까지 버스가 운행된다. 가까이에 전차와 전철역이 있어 비행기나 대중교통을 이용하여 내국인과 외국인 모두 쉽게 찾을 수 있다. 야영장에서 자전거를 빌려 암스테르담과 인근 지역으로 편리하게 이동할 수도 있다. 물론 캐러밴이나 캠핑카를 운전하여 찾아오기도 수월하다.

야영장은 텐트, 캠핑카, 캐러밴, 통나무 집Cabin, 작은 집Cottage이 구역별로 나뉘어 있다. 각 구역에는 전기 코드가 설치되어 있어 전자제품 사용과 전기를 이용한 취사가 가능하다. 안전사고에 대비한 비상 응급체제 또한 갖춰져 있다. 샤워장, 세탁기, 건조기가 설치되어 있으며 동전을 넣어 사용하면 된다. 네덜란드를 포함하여 유럽 각국에는 도시 인근이나 관광지 주변에 야영장이 잘 갖춰져 있다. 유럽 각국의 야영장 목록과 위치가 포함된 정보를 쉽게 찾을 수 있고 유럽 공통 교통 안내 표지판이 도로에 잘 설치되어 있어 찾기도 쉽다.

연봉에 휴가비를 뜻하는 홀리데이 머니Holiday Money가 포함되어 있을 정도로 유럽 사람에게 휴가와 여행은 중요한 삶의 일부다. 연초에 미리 여행 계획을 세워 항공편이나 숙소를 예약한다. 캐러밴이나 캠핑카는 검소한 네덜란드 사람들의 여행 모습으로 상징된다. 네덜란드에서는 높은 지위에 있거나 부유한 사람들도 캐러밴으로 여행하며 야영을 한다. 직접 운전하고 요리하고 야영하면서 가족과 함께 삶의 기본으로 돌아가는 시간을 갖는 것이다. 야영장에서 만난 다른 가족과 함께 친목의 시간을 가지기도 한다. 자연 속에서 삶의 기본으로 돌아간다는 마음가짐으로 야영을 하기 때문에 평소 집에서 먹는 고기를 야영장에서 과하게 굽지 않고 필요 이상의 장비를 가져오지도 않는다.

우리나라도 캠핑을 즐기며 휴식을 취하고 휴가 시간을 보내는 인구가 늘고 있다. 그러나 우리나라 약 2,000여 곳의 야영장 중 정식으로 등록된 야영장은 10% 수준이다. 휴가철에 야영을 하다가 국지성 호우, 화재, 가스 중독 등의 사고로 귀중한 목숨을 잃거나 다치는 경우가 종종 있다. 안전한 장소에서 안전 규칙을 지키는 야영이 즐거운 추억과 자연 속 휴식을 남긴다. 야영지의 안전이 확보되고 야영객 간 서로 배려하는 문화가 정착되어 아이들에게는 어른이 되어서도 많은 추억을 남길 수 있는, 어른들에게는 지친 일상에서 벗어나 자연을 만끽할 수 있는 시간이 되었으면 한다.

경쟁하면서 즐기는
스포츠 행사

매년 9월 셋째 주 토요일과 일요일에는 네덜란드에서 참가 인원이 가장 많은 스포츠 행사인 댐 투 댐Dam to Dam이 열린다. 댐에서 댐을 연결한다는 의미의 댐 투 댐은 도시 이름에 'Dam'이 들어 있는 암스테르담Amsterdam과 암스테르담 북쪽의 풍차 마을 인근에 있는 도시인 잔담Zandam을 연결하는 구간에서 벌어지는 스포츠 행사다. 이 행사는 남녀노소 10만 명이 참가하며 일요일에 암스테르담과 잔담 간 16km를 뛰는 단축 마라톤을 중심으로, 걷기와 도로 사이클, 토요일에 잔담에서 벌어지는 8km 마라톤, 그리고 전야제와 뒤풀이로 구성되어 있다.

1968년 물길로 나뉘어 있던 암스테르담 남북을 연결하는 터널이 완공되었다. 이 터널이 완성되면서 암스테르담 남북이 연결되고 과거 암스테르담에서 배를 타거나 돌아가던 북쪽 외곽의 주요 도시들인 잔담, 에담Edam, 폴렌담Volendam이 육로로 연결되어 이동 시간이 단축되고 교통이 편리해졌다. 이 터널의 완공을 기념하여 암스테르담에서 터널로 연결된 위성 도시 중 전통적인 도시인 잔담까지 뛰는 대회가 열린 것이 댐 투 댐의 기원이다. 행사가 진행되는 터널을 통과하고 유서 깊은 마을을 지나는 전 구간에서 참가자와 시민들이 함께 즐기는 축제 분위기를 느낄 수 있다.

16km 마라톤 대회에는 세계적인 유명 마라토너와 일반 시민을 포함하여 약 5만 명이 참가한다. 일반인은 비즈니스 레이스라 하여 회사, 관공서와 같은 조직에서 팀을 만들어 참가한다. 한 팀은 최소 다섯 명에서 열 명까지로 구성되며 팀당 참가비를 낸다. 큰 회사는 여러 팀을 만들어 회사 지원으로 참여하며 회사나 조직과 별도로 친구, 이웃, 친인척 간에도 팀을 만들어 자비로 참가한다. 참가비로 모인 기금은 사회를 위한 기부금으로 사용한다. 팀당 상위 다섯 명의 성적을 기준으로 3위 팀까지 시상하며 2016년에는 신기록을 세운 마라토너에게 다이아몬드가 부상으로 주어졌다.

댐 투 댐은 역사적 성과를 기리고 지역 간 화합을 도모함과 아울러 동료, 친구, 친척 간 우의를 다지고 사회에 공헌하는 의미를 지닌 스포츠 행사다. 9월 말 서남부 지역에서는 바닷물에 의한 홍수를 막기 위해 실행한 '델타 프로젝트'로 건설된 둑과 모래 해변을 달리는 해변 마라톤 대회가 열린다. 이처럼 네덜란드의 달리기 행사는 시민들이 직접 참가하고 경쟁하면서 사회를 생각하고 즐기는 축제의 장인 것이다.

Part 3

부국을 만든 산업 경쟁력 :

네덜란드는 일인당 국민소득이 유럽에서도 상위권에 속하는 부국이다. 국민의 윤택한 삶을 뒷받침해주는 네덜란드의 특화된 산업과 그 경쟁력을 알아보자.

독보적이고 특화된 산업

하나

인류 최초의
종합 산업 단지

      네덜란드 하면 떠오르는 풍차 마을은 지금도 움직이고 있는 여러 개의 풍차를 중심으로 조그만 치즈 공장과 민속 공예품을 판매하는 전통 가옥들로 구성되어 있다. 이곳은 네덜란드의 상징인 풍차와 전통적인 분위기를 직접 보고 느낄 수 있어 네덜란드를 방문하는 외국인들이 꼭 들르는 관광 명소다.

      지금은 풍차가 있는 아름답고 낭만적인 관광 명소지만 원래는 자연의 에너지에서 동력을 얻어 제품을 생산하고 원료와 제품의 운송이 이루어졌던 인류 최초의 종합 산업 단지였다. 각각의 풍차는 날개를 돌려 얻은 에너지를 풍차 내부에 있는 나무로 만든 다양한 기어를 통해 생산 공정에 맞는 에너지로 전환하고 각기 다른 제품을 생산했던 공장이었다. 곡식을 빻으면 제분 공장이고 나무를 자르면 제재소였다. 원료와 생산된 제품은 단지와 접한 넓은 수로를 타고 배로 운송되었다.

이렇게 네덜란드의 환경과 여건을 활용한 지혜로움과 과학적이고 종합적인 사고는 네덜란드를 물류 산업 강국으로 만든 토대가 되었다. 현재는 로테르담 항구와 암스테르담 스히폴 공항을 중심으로 종합 물류 단지를 조성하고 창고 관리와 운송을 위한 선진 시스템을 구축하여 네덜란드에 세계 유명 기업들의 물류 센터를 유치했다. 제조업 공동화에 대비하고 고용을 창출하는 부가가치가 높은 물류 산업을 네덜란드의 중추 산업으로 키운 것이다.

로테르담 항구에는 세계 메이저 석유 회사들의 유류 창고가 즐비하다. 네덜란드 소유는 아니지만 유사시에는 네덜란드의 전략적인 자원이 될 수도 있다. 우리나라 또한 세계 두 번째와 세 번째 경제국 사이에 있는 지정학적 환경과 여건을 활용하여 동아시아 물류 산업의 허브가 될 수 있는 가능성을 충분히 가지고 있다. 물류 산업을 육성하여 고용을 창출하고 유사시에 대비할 수 있는 물류 강국이 되기를 바란다.

: 부국을 만든
  산업 경쟁력

유럽의 허브,
스히폴 공항

　　암스테르담 스히폴 국제공항Airport Schiphol은 2014년 말 자동으로 짐을 부치는 기계를 설치하고 EU 역내로 가는 출국 심사대를 없애고 보안 검색대를 늘렸다. 신속함과 편리함을 향상시키기 위해 부단히 노력하고 있다. 스히폴 공항은 유럽에서 가장 신속하고 편리한 공항이란 평가를 받고 있다. 환승객 비율은 런던과 파리의 20%보다 두 배 높은 40%로 유럽에서 가장 높다. 스히폴 공항은 유럽의 승객이 아시아, 미주, 아프리카, 중동으로 가기 위해 비행기를 갈아타는 유럽의 허브 공항인 것이다.

　　우리나라는 1980년대까지 김포공항이 국외로 나가는 관문이었다. 누군가 출국하면 친인척들이 와서 출국장 여기저기에서 인사와 안부를 나누었다. 입장권을 산 사람은 청사 안에 있는 베란다까지 들어가 배웅을 했다. 문주란의 '공항의 이별'이라는 노래가 실감 나는 공항의 모습이었다. 1980년대 들어 국내선과 국제선 청사가 분리되었고 이후 국제선 청사는 1/2청사로 나뉘었다. 하지만 그때까지도 김포공항은 해외 유수의 공항에 비하면 작은 공항이라 해외에 나가면 그 차이를 실감할 수 있었다. 2001년 세계 어느 공항에도 뒤지지 않는 시스템과 시설을 갖춘 인천공항이 개항했다. 우리나라 공항의 발전이 우리나라 전체의 발전 속도보다 빠르다는 생각이 든다.

한국이 만든 세계 일등 제품 중에서도 인천공항은 한국인의 특성인 신속함, 완벽함, 그리고 정교함이 뒷받침된 명품이라고 생각한다. 인천공항은 2005년부터 세계 공항 평가에서 꾸준하게 싱가포르 창이공항과 1위를 다투고 있다. 2017년 국제선 승객 수는 6,200만 명이며 환승객은 730만으로 환승객 비율은 12%였다. 이는 경쟁 공항인 베이징과 상하이 공항의 10%보다는 높으나 일본 나리타 공항의 19%보다는 낮다. 그러나 나리타 공항은 국제선 승객수가 인천공항보다 적어 환승객 수는 인천공항이 많다. 따라서 인천공항이 동북아 3국 공항 중 허브 공항이라고 할 수 있다. 그러나 스히폴 공항의 환승률에는 절반도 미치지 못하고 중국과 일본의 추격이 거세 허브 공항의 입지를 확고히 하는 데는 갈 길이 멀다.

암스테르담은 유럽의 다른 공항뿐만 아니라 편리성과 경제성으로 무장한 중동의 두바이 공항과도 경쟁하고 있다. 최근 암스테르담 대신 두바이에서 환승하는 유럽 승객이 늘고 있어 위기감을 느낀 스히폴 공항은 KLM 항공과 연계하여 신속함과 편리성을 강화하고 있다. 스히폴 공항과 두바이 공항은 인천공항의 일등 비결을 보고 그 장점을 배우고 있다. 한국 사람의 신속함을 바탕으로 땅콩보다 허브에 대해 고민하는 경영자의 안목이 함께할 때 인천공항은 국적기와 합세하여 동북아의 허브 공항이 될 것이다.

환경을 이용하고 기술과
마케팅으로 이룬 치즈 산업

5월은 네덜란드 젖소들이 축사에서 나와 들판의 신선한 풀을 먹기 시작하는 때다. 신선한 풀을 먹고 활동하는 젖소에서 생산된 우유로 만든 치즈는 최고의 품질과 맛을 낸다. 암스테르담에서 북서쪽 30km 지점에 있는 알크마Alkmaar는 네덜란드 치즈의 유통 중심지였다. 알크마에는 생산된 치즈의 무게를 측정하고 품질 등급을 결정하는 우리의 농협과 같은 기관도 있었다. 지금은 이러한 업무를 했던 건물에 치즈 박물관이 자리하고 있다. 박물관 앞 광장에서는 매주 금요일마다 치즈의 무게를 측정하고 품질 등급을 매기고 치즈가 거래되는 모습을 재연하는 퍼포먼스가 열리며 관광객을 맞이한다.

네덜란드는 간척으로 만들어진 땅이라 습하고 소금기가 많아 농작물 재배가 어려웠다. 그래서 농사 대신 목축을 많이 했고 특히 북해에 가까워 물기와 소금기가 더 많은 북홀랜드 지역에서 목축이 성행했다. 북홀랜드 지역의 중심 도시가 바로 알크마다. 불가피하게 농사 대신 목축을 할 수밖에 없어 필요 이상으로 많은 우유가 생산되었고 농가의 아낙네들은 소비하고 남은 우유로 치즈를 만들기 시작했다. 어쩔 수 없는 환경으로 인해 치즈를 만들기 시작했지만 지금은 네덜란드를 대표하는 아이템이 되었다. 현재 농가에서는 우유만 생산하고 치즈는 공장에서 생산하고 있다.

북홀랜드 지역에서 생산되는 치즈는 크게 하우다Gouda 치즈와 에담Edam 치즈로 나뉜다. 하우다 치즈는 둥글고 납작한 모양으로 지방 함유량이 많아 주로 요리용으로 사용된다. 에담 치즈는 작은 공 모양으로 지방 함유량이 적고 숙성 기간이 짧아 안주나 디저트로 먹는다. 네덜란드는 국내에서 소비하고 남은 치즈를 적극적으로 수출했고 치즈 수출을 위해 로고 형태의 안체 아가씨Frau Antje도 만들고 빵에 넣고 뜨겁게 녹여 먹는 치즈 요리법도 개발하여 네덜란드 치즈를 알렸다. '치즈는 손가락으로 집어 먹는 간편한 음식Cheese is finger food'이라는 슬로건을 만들어 세계를 상대로 치즈 대중화에 힘썼다.

치즈는 로마시대에도 생산되었으며 이탈리아와 프랑스에서도 맛과 식감이 다양한 치즈가 많이 생산되고 있다. 알프스의 맑은 공기와 초원에서 자란 젖소 우유로 만든 고품질의 스위스 치즈와 독일 치즈도 있다. 이처럼 유럽 여러 나라의 다양한 치즈가 있음에도 치즈 하면 네덜란드가 떠오르는 것은 네덜란드가 치즈를 알리기 위해 많은 노력을 했기 때문이다. 세계화에 성공한 일식은 스시 간판과 식당 문에 걸린 빨간 등으로 시각적 상징을 구축하여 세계인에게 친근한 이미지를 주었다. 중국 음식은 기본 조리 도구인 아래가 불룩한 프라이팬을 뜻하는 웍wok의 이름과 웍 모양을 새로운 시각적 상징으로 만들어 친근하고 대중적인 이미지 구축을 꾀하고 있다. 베트남 음식도 간단하고 선명한 포Pho 브랜드로 저변을 넓히고 있다. 한식은 어떤가? 우리도 한식 세계화를 위해 많은 비용을 투입했으나 브랜드나 시각적 상징물을 구축하지 못한 채 이렇다 할 결실을 보지 못하고 있다. 한식의 대표 메뉴인 불고기의 불판, 돌솥 비빔밥의 돌솥, 그리고 찌개나 탕의 뚝배기를 시각적 상징물로 만들 수 있지 않을까 생각한다. 일상의 한식과 동떨어진 한식을 광고하거나 일회성 홍보 행사보다는 쉽게 인식되고 친근감을 주는 브랜드와 시각적 상징물을 구축해야 할 것이다.

: 부국을 만든
  산업 경쟁력

세계 최대
꽃 산업 단지

_____

　　미국에 세계 IT 산업의 메카인 실리콘 밸리가 있다면 네덜란드에는
세계 꽃 산업의 메카인 꽃 랜드가 있다. 네덜란드는 지형이 평탄하여 계곡이 없기 때
문에 계곡이 아닌 랜드로 표현한다. 꽃 랜드는 암스테르담 스히폴 공항을 중심으로
서쪽 20km 지점에 있는 튤립 공원인 쾨켄호프Keukenhof부터 스히폴 공항을 거쳐 공항
동쪽 5km 지점에 있는 세계 최대 꽃 경매장인 플로아 홀랜드Flora Holland에 이르는 지
역을 말한다. 꽃 랜드를 이루는 세 개의 거점인 쾨켄호프, 스히폴 공항, 그리고 플로
아 홀랜드를 중심으로 생산, 집하, 경매, 운송이 이루어진다.

　　쾨켄호프는 새로 개발된 튤립과 다양한 종류의 꽃을 전시하는 공원이다. 매년 3
월 말에서 5월 중순까지 개장하며 전 세계에서 많은 관광객들이 방문한다. 플로아 홀

랜드는 신규 품종을 개발하고 연구하는 연구소이자 네덜란드와 전 세계에서 생산된 꽃을 검사하고 거래하는 경매장이다. 한국에서 생산된 꽃도 이곳에서 경매를 거친 후 전 세계로 판매된다. 플로아 홀랜드에는 3,000명의 연구원과 5,000명의 경매사가 근무하며 면적은 30만 평에 달한다. 튤립 공원과 경매장 중간에 있는 스히폴 공항은 경매를 위해 세계 각국에서 꽃이 도착하고 경매를 마친 꽃이 다시 세계 각국으로 신속하게 운송되는 허브 공항이다. 네덜란드에서 새벽에 출하되어 아침 일찍 경매를 마친 꽃은 같은 날 뉴욕의 꽃 시장에서 판매된다. 이처럼 꽃 랜드는 꽃의 전시, 개발과 연구, 경매, 그리고 신속한 운송이 이뤄지는 종합적이고 복합적인 꽃 산업 단지다.

우리나라 반도체 산업의 전략은 경쟁사보다 먼저 집적도가 높은 반도체를 생산하는 것이다. 네덜란드의 꽃 산업 경쟁 우위 전략도 생산, 유통, 그리고 운송 부문에서의 경쟁 우위와 함께 신품종을 경쟁국보다 먼저 개발하는 것이다. 신품종을 개발하는 데는 많은 시간과 자금이 필요하지만 개발된 신품종을 고가에 판매하고 다른 나라에서 재배하면 로열티를 받는다. 네덜란드는 수익성이 높은 고부가 가치 농산물을 수출하는

155

나라로, 우리나라의 수출에서 농산물이 차지하는 비율이 1%인데 비해, 네덜란드는 15%다. 프랑스는 비옥한 땅과 온화한 기후라는 천혜의 환경으로 농업 강국이 되었고 네덜란드는 신품종 개발, 온실과 같은 시설 투자, 경매를 통한 신속한 거래, 그리고 전 세계 당일 운송 시스템 구축이라는 인위적인 노력을 통해 농업 강국이 되었다.

네덜란드 농부는 컴퓨터를 이용하여 경작 계획을 수립하고 기후와 온도에 따라 물과 비료를 주는 일정과 양을 정한다. 모니터를 통해 납품한 농산물의 경매 상황을 확인한다. 단지 밭에 나가 씨를 뿌리고 수확하는, 몸으로 일하는 농부가 아니라 머리로 일하는 농사 기술자다. 우리에게 농업은 아직 구식이라는 고정관념이 있고 보통보다 못하거나 뒤떨어진다는 의미로 촌스럽다는 말을 사용하기도 한다. 하지만 농업은 생명 산업이자 미래 지향적인 과학 산업이라는 인식이 필요하다. 네덜란드의 농촌은 생활수준이나 여건에서 보면 도시와 큰 차이가 없다. 농촌과 도시의 차이가 거의 없고 균형적으로 발전해야 나라가 균일하게 발전하고 선진국으로 갈 수 있는 것이다. 우리나라 농업도 고령화사회와 일손 부족으로 고민만 하는 것이 아닌, 꾸준한 개발과 체계적인 농사를 통해 미래 지향적인 산업으로 다시 주목받기를 기대해본다.

튤립 공원과
튤립 축제

　　매년 3월 말에서 5월 중순 동안 암스테르담에서 30km 떨어진 튤립 공원 쾨켄호프가 문을 연다. 700만 송이의 튤립을 포함한 장미, 백합, 수선화, 카네이션과 같은 꽃들이 함께 있어 아름다운 꽃을 관람하는 정원임과 동시에 새로 재배된 신품종을 보여주는 전시회 역할도 한다. 튤립의 원산지는 터키이며 튤립의 어원은 터키어로 터번을 뜻하는 'Tulbent'다. 튤립은 유럽의 다른 나라를 거쳐 네덜란드에 와서 꽃을 피웠다. 튤립의 품종을 개량한 네덜란드의 장인 정신과 튤립을 상업화한 네덜란드의 상업 정신의 결과다.

　　한편 암스테르담에서는 튤립의 계절인 4월 한 달간 시내 주요 지역에 튤립을 심고 꽃을 피우는 튤립 축제가 열린다. 매년 50만 송이의 튤립을 시내 60여 곳의 주요 지역에 심는다. 일부 가정에서도 튤립 구근을 키워 심고 시에서 주관하여 어린이들이 각자 집에서 키운 튤립 구근을 암스테르담의 주요 지역에 심는다. 암스테르담의 튤립 축제 는 쾨켄호프 튤립 공원과 함께 네덜란드와 암스테르담이 꽃의 나라이자 꽃의 도시라는 이미지를 만들며 관광객을 불러 모으고 있다. 현재까지 등록된 튤립 종류는 약 8,000 개이며 매년 신품종이 개발되면서 계속 증가하고 있다. 그중에서도 검은색 튤립인 더 퀸 오브 나이트The Queen of Night의 재배 방법은 코카콜라 원액의 제조법이 비밀이듯 재 배자만 아는 비밀로 베일에 가려져 있다.

네덜란드 역사에 있어 튤립은 네덜란드 국민에게 부와 함께 혼란도 주었지만 굶 주림도 해결해주며 동고동락했다. 17세기 황금기 시절 튤립 재배 농가와 거래상들은 튤립 판매를 통해 막대한 돈을 벌었다. 투기로 돈을 번 졸부들은 신분을 세탁하고 신 흥 권력 집단으로 편입하여 사익을 추구했다. 튤립 수요가 폭발적으로 증가하자 가격 상승을 기대하며 너도나도 튤립 구근을 사들였다. 네덜란드 전역에서 튤립 구근 투기 가 벌어졌고 가격은 천정부지로 치솟았다. 가격이 절정에 달했을 때는 튤립 구근 열 뿌리 가격이 집 한 채 값과 같았다. 한국의 부동산 투자나 주식 투기를 능가하는 투기 광풍이 불었다. 그러나 거품은 꺼지기 마련이고 그로 인해 나라 전체가 혼란을 겪게 되었다. 당시의 화가들은 욕심에 찬 사람들을 원숭이로 풍자하거나 인생의 무상함을 암시하고 향락의 종말을 경고하는 꽃과 해골을 대비시킨 그림을 그리기도 했다. 사회 와 경제 혼란을 경험한 네덜란드 사람들은 인간의 욕심과 투기가 어떤 결과를 초래하 는지 큰 교훈을 얻었다. 네덜란드의 튤립 투기 역사는 투기의 종말과 정당한 노력 없 이 이룬 부와 삶의 허망함을 일깨워준다. 제2차 세계대전 당시 나치 치하에서 굶주 림에 시달리던 사람들은 이듬해 꽃을 피워 팔기 위해 키우던 튤립 구근을 먹으며 생명을 유지하기도 했다. 제2차 세계대전이 끝난 후 독일 잔당을 쫓아내는 작전을 검은 튤립 작전Black Tulip Operation이라고 부른다. 이렇듯 튤립은 네덜란드의 역사에서 떼려야 뗄 수 없는 꽃이다.

　네덜란드에 만개하는 시기를 조절하며 정성을 들여 인공적으로 재배하는 튤립이 있다면 우리에게는 자연의 섭리에 따라 순환하는 계절에 순응하며 피는 꽃들이 있다. 벚꽃, 매화, 그리고 사람의 손길 없이 들판, 언덕, 뒷동산에 피는 진달래가 있다. 진해의 벚꽃 축제나 매화 축제가 국내외적으로 더욱 관심을 끌고 사랑을 받았으면 한다.

어린이들의 친구,
미피 캐릭터

미피Miffy는 네덜란드의 그림동화 작가인 딕 브루너Dick Bruna가 만든 그림책의 주인공인 어린 토끼다. 1955년에 세상에 태어난 미피는 2015년 환갑을 맞았다. 미피는 한국에서도 유명한 캐릭터지만 네덜란드 작가가 창조한 캐릭터라는 것을 아는 이들은 많지 않다. 미피 그림책은 빨강, 파랑, 초록, 노랑, 갈색의 다섯 가지 기본 색상을 사용한 단순한 그림으로 유아들이 자연스럽게 사물, 현상, 그리고 색에 대해 알게 하는 그림책이다. 그림을 설명하는 네 줄 정도의 짧은 문장에는 리듬이 있어 유아의 언어 발달에도 도움을 준다.

미피의 원래 이름은 나인체 플라워스Nijntje Pluis로 네덜란드에서는 나인체로 불리며 작은 토끼란 뜻이다. 나인체 플라워스가 해외에서도 유명해지자 부르기 쉽도록 미피라는 이름을 만들었다. 미피 그림책은 미피가 굴뚝, 빨간 지붕, 꽃이 핀 정원이 있는 전형적인 네덜란드 집에서 살면서 엄마는 청소를 하고 아빠는 정원을 가꾸는 잔잔한 일상 속에서 발생하는 상황을 그리고 있다. 미피 그림책에 이어 미피를 주인공으로 텔레비전 만화와 영화가 제작되었고 미피 캐릭터가 옷, 장난감, 문방구, 도자기에도 사용되었다. 이처럼 미피는 네덜란드가 만든 하나의 캐릭터에서 벗어나 세계적인 '원 소스 멀티 유즈One Source Multi Use' 캐릭터가 되었다. 미피의 고향인 암스테르담에서 남쪽으로 50km 떨어진 유트랙Utrecht 시에는 미피의 동상이 있고 2016년 미피 박물관이 건립되었을 정도로 정부 차원에서 미피를 지키고 육성하고 있다.

1929년 월트 디즈니가 만든 영화에 처음 등장한 미키 마우스는 전 세계 사람들에게 캐릭터의 원조로 각인되었고 캐릭터 산업의 중요성을 보여주었다. 미키 마우스를 영화에 등장시켜 호응을 얻은 디즈니사는 미키 마우스를 발판으로 만화영화, 캐릭터 상품 제작과 판매, 단체와 기관의 마스코트에 이어 테마파크 사업에서 성공을 거두었다. 얼마 전 북한의 한 공연에서 미키 마우스가 등장하자 북한이 개방 정책을 펼 것이라는 신호라고 해석할 정도로 미키 마우스는 미국을 넘어 자본주의의 상징이 되었다. 일본에서 네덜란드의 미피를 보고 영감을 얻어 만든 고양이인 헬로 키티 또한 전 세계 어린이들의 우상이 되었고 역시 일본의 게임 캐릭터 피카추도 세계 어린이들의 친구가 되었다. 영국 방송 BBC에서 제작한 어린이 프로그램인 텔레토비는 한때 큰 인기를 끌었으나 캐릭터의 정체성 문제와 핵심 캐릭터의 부재로 큰 성공으로 이어지지는 못했다.

우리나라는 1980년대 아기공룡 둘리로 캐릭터 산업에 발걸음을 내디딘 후 2,000년대 들어 뿌까와 뽀로로를 만들며 캐릭터 산업의 강자로 떠올랐다. 중국, 유럽, 남미에서 선풍적인 인기를 얻고 있는 뿌까는 자신의 의사를 적극적으로 펼치는 활달한 성격의 캐릭터로 소녀와 젊은 여성을 타깃으로 하여 캐릭터 성격 규정과 고객 선정에 있어 전략적으로 접근해 대성공을 거두었다. 아시아 사람처럼 보이지만 뿌까는 무국적 캐릭터를 추구하고 있다. 하지만 빨간 옷을 입고 쿵푸를 하고 남자 친구가 닌자의 후손으로 설정되어 중국과 일본 이미지를 풍기는 것은 아쉽다. 남자아이 펭귄인 뽀로로는 얌전한 미피와 달리 개구쟁이 캐릭터로 만화영화를 통해 유럽은 물론 세계적으로 인기를 끌고 있다. 헬멧을 쓰고 안경을 끼고 비행기를 조종하는 뽀로로가 등장하는 만화영화를 보기 위해 아이들이 온종일 기다리고 부모들이 아이를 달래기 위해 뽀로로를 이야기할 정도다. 최근 평창 동계 올림픽 마스코트인 수호랑도 국내외에서 호평을 받았다. 치밀한 기획과 창의력을 바탕으로 만들어진 뽀로로와 뿌까, 수호랑도 미피처럼 오랫동안 전 세계의 사랑을 받는 캐릭터가 되기를 바란다. 동화책 주인공으로 탄생한 미피는 캐릭터 상품으로 발전했다. 네덜란드는 미피의 고향에 기념관을 만들어 관광객을 유치하고 캐릭터 상품을 개발하는 노력을 통해 미피를 세계적인 캐릭터로 사업으로 육성시켰다. 우리의 뽀로로, 뿌까, 그리고 수호랑도 미피처럼 사랑받는 '원 소스 멀티 유즈' 캐릭터가 되기를 바란다.

163

창의적인 기업과 브랜드

둘

세계에서 가장 많이 팔리는
하이네켄 맥주

애주가들 중에서는 네덜란드 하면 하이네켄Heineken이 떠오르는 사람도 많을 것이다. 창업자의 이름을 딴 하이네켄 맥주는 세계에서 여덟 번째로 많이 팔리는 맥주다. 하이네켄보다 많이 팔리는 맥주 브랜드는 중국산 세 개, 미국산 두 개, 멕시코산 하나, 그리고 브라질산 하나가 있다. 하지만 이들 맥주는 모두 인구가 많은 나라에서 생산하는 맥주이기에 자국 내 판매를 제외한다면 하이네켄이 세계적으로 가장 많이 판매되는 맥주다. 인구 1,700만에 불과한 네덜란드 국적의 하이네켄이 가장 많이 팔리는 비결은 무엇일까?

맥주는 싹이 난 보리인 엿기름(몰트)을 갈아 물을 섞어 끓인 후 건더기를 걸러낸 맥 즙에 효모를 넣어 발효시켜 만든다. 발효 과정에 쌉쌀한 맛을 내고 부패 방지를 위해 뽕나뭇과에 속하는 홉Hop을 넣는다. 전통 발효 방식으로 효모가 맥 즙 위에 떠서 빨리 발효되는 '상면 발효 맥주'는 에일Ale 맥주라 부른다. 에일 맥주는 영국, 아일랜드, 벨기에가 본고장이며 기네스Guinness 맥주가 대표적이다. 에일 맥주는 맛이 깊고 색과 향이 진한다. 효모가 맥 즙 아래에 가라앉아 발효되는 '하면 발효 맥주'인 라거 Lager 맥주는 독일에서 탄생했다. 라거는 독일어로 창고나 저장을 뜻하며 라거 맥주는 창고에서 서서히 발효되어 부패 가능성이 적기 때문에 대량 생산이 가능하다. 라거 맥주는 맛이 깊지는 않지만 효모가 가라앉아 발효되기 때문에 깔끔한 청량감이 있다. 체코의 필스너Pilsner사에서 투명한 황금색에 톡 쏘는 맛을 내는 맥주를 개발하여 '라거 필스너' 타입이라는 맥주의 한 종류를 만들었다. 라거 필스너 맥주는 전 세계 맥주의 주류가 되었고 하이네켄도 라거 필스너 타입 맥주이다.

하이네켄 맥주병 색은 초록색이고 병에는 빨간 별과 웃는 모습을 닮은 e가 비스듬하게 쓰여 있는 'Heineken' 이름과 경기장을 연상시키는 타원의 로고가 붙어 있다. 하이네켄 병만 봐도 초록색 경기장에서 벌어지는 축구 경기에 웃고 열광하는 관중의 모습이 떠오른다. 하이네켄은 톡 쏘는 청량감으로 맛을 확립하고 고객의 참여를 유도하는 스토리와 감성 마케팅에 주력하고 있다. 핵심 고객은 축구를 좋아하는 남성이고 확산 고객은 댄스와 음악을 좋아하는 여성과 젊은이들이다. 그래서 축구를 보거나 음악을 듣고 춤을 출 때 자연스럽게 하이네켄이 생각나게 하는 것이다. 네덜란드의 국제적인 사고가 서로 다른 문화가 있는 세계 200여 국에서 하이네켄을 통하게 한 것이다.

내가 학창 시절 즐겨마시던 맥주는 OB와 크라운이었다. OB는 부드럽고 크라운은 진했다. 철옹성 같았던 OB의 1위 자리를 빼앗은 하이트의 깨끗함도 아직 기억

에 남아 있다. 이후 여러 브랜드가 나타나면서 한국 맥주의 브랜드 이미지와 정체성이 무엇인지 모호해졌다. 한국 맥주 하면 그저 소맥(소주+맥주)과 치맥(치킨+맥주)이 떠오를 뿐, 아직 한국을 대표하는 맥주 브랜드는 없다고 생각한다. 융합의 시대에 섞는 것도 중요하지만 주류의 경우 일관된 맛과 콘셉트가 필요하다. 한국 맥주의 이미지가 희석되는 동안 칭다오와 아사히가 선명한 이미지로 하이네켄을 추격하고 있다.

창의로 만든
음악 문화 상품

네덜란드에서는 만개했던 튤립이 시들고 꽃 계절이 끝나면 연중 날씨가 좋은 6월에서 9월까지 다양한 축제가 공원, 섬, 그리고 스타디움에서 열린다. 여러 축제 중 네덜란드 음악 축제는 세계적으로도 유명하다. 각각의 음악 축제는 주제, 프로그램, 그리고 분위기에 따라 특화되어 있다. 젊은이들뿐만 아니라 음악을 좋아하는 중년의 네덜란드 사람들도 자신이 선호하는 음악 축제에 참여한다.

1980년대 중반 하우스 뮤직이라 일컬어지는 강한 비트의 전자 음악이 미국에서 시작해 전 세계에서 유행하기 시작했다. 네덜란드에서도 하우스 뮤직이 선풍적인 인기를 끌었다. 이에 1993년 네덜란드의 한 공연 사업가가 하우스 뮤직을 야외에서 즐기는 미스테리 랜드Mystery land라는 야외 음악 축제를 처음 개최했다. 이후 미스테리

랜드는 매년 8월 암스테르담 근교의 공원에서 열리며 네덜란드에서 가장 유명한 야외 음악 축제가 되었다. 인공적으로 만든 높은 언덕에 무대를 설치하고 3일간 열린다. 캠핑도 가능하여 참가자들은 자연 속에서 테크노 음악을 즐기면서 여유롭게 휴식을 취한다.

미스테리 랜드를 발전시킨 또 다른 네덜란드의 하우스 음악 축제로 센세이션 Sensation이 있다. 센세이션은 공원이 아닌 스타디움이나 아레나에서 저녁부터 밤새 열린다. 미스테리 랜드가 공원이나 숲에서 열리는 자연 친화적인 음악 축제라면 센세이션은 레이저와 조명이 어우러진 첨단 기술이 뒷받침된 음악 축제다. 참가자들은 환상적인 분위기 속에서 세계적인 DJ들이 연출하는 음악에 맞춰 춤을 춘다. 센세이션은 매년 다른 주제를 정해 새로움을 선사하며 참가자들은 하얀색이나 검은색 옷을 입는다. 센세이션은 2013년에 서울에서 열리기도 했다.

이처럼 센세이션은 세계적인 명성을 가진 테크노 음악 축제가 되었다. 네덜란드 출신의 세계적인 팝 가수는 없다. 그러나 네덜란드 사람들은 미국에서 유래한 테크노 음악에 창의성을 발휘하여 센세이션이라는 세계적인 음악 문화 상품을 만들었다. 일사불란한 군무와 어우러진 음악으로 특화된 우리의 K-POP도 창의성을 살려 더욱 명성을 쌓아가길 바란다.

공기업의
비용 절감 노력

네덜란드 열차는 크게 지역 기차Regional, 인터 시티Inter City, 그리고 인터내셔널International로 나뉜다. 지역 기차는 한 지역 내에서만 운행하며 모든 역에 정차한다. 지역 기차는 과거 우리의 완행열차에 해당하며 육상의 단거리 선수를 의미하는 스프린터Sprinter라는 이름으로 운행한다. 인터 시티는 네덜란드의 큰 도시 간을 운행하는 열차로 우리의 급행열차에 해당하며 인터 시티의 약어인 IC로 불린다. 네덜란드 국내를 운행하는 스프린터와 IC에는 우리의 KTX, 프랑스 TGV, 독일의 ICE와 같은 초고속 열차는 없다. 국제선인 인터내셔널은 일반 열차도 있고 고속 열차도 있다. 네덜란드 암스테르담과 프랑스 파리, 그리고 벨기에 브뤼셀 간에는 TGV로 운행하는 탈리스Thalys 고속 열차가 있고 암스테르담과 독일 도시 간에는 독일 고속 열차인

ICE가 있다.

네덜란드의 직장인과 학생들은 자전거와 연계되어 있는 스프린터를 이용하여 출퇴근하고 통학한다. 네덜란드를 방문하는 외국 관광객들도 빠르고 화려하지는 않지만 편안하고 여유롭게 경치를 감상하며 이동할 수 있는 스프린터를 이용하여 소도시를 방문한다. 그러나 스프린터 열차에는 화장실이 없어 사람들이 난감해하는 경우가 종종 있다. 2011년 우리의 철도청에 해당하는 NS(Netherlands Spoorwegen)에서 경비 절감과 좌석 확충을 위해 화장실을 없앴기 때문이다. 처음에는 스프린터의 화장실을 없애겠다는 NS의 계획에 시민 단체와 승객들의 항의가 빗발쳤다. 이에 NS에서는 스프린터는 모든 역에 정차하고 당일 기차표로 언제든지 다른 스프린터를 탈 수 있으므로 용무가 급하면 역에 내려 볼일을 보고 다시 기차를 타면 된다고 맞섰다. 무엇보다도 화장실 운용에 따른 비용을 절감하여 적자를 줄이고 화장실을 없앤 자리에 좌석을 더 만들어 승객의 편의를 높이는 것이 중요하다고 항변했다.

스프린터 열차에 화장실을 없앤 후 여러 가지 해프닝이 있었다. 용무가 급한 어느 스프린터 기관사가 역에 있는 화장실에 가면 출발 시각이 지체될 것을 염려하여 옆 플랫폼에 정차해 있던 IC 열차의 화장실에서 볼일을 보던 중 IC 열차가 출발하고 말았다. 결국 스프린터 기관사가 다른 도시까지 갔다가 되돌아오는 동안 플랫폼을 차지한 스프린터 열차가 출발하지 못해 승객들이 항의하고 뒤에 오는 열차까지 지연되는 혼선을 빚었다. 시내나 일부 역의 화장실은 유료로 운영되기 때문에 일부러 화장실을 들르지 않고 열차 내의 화장실을 이용하려던 승객들은 생리 현상을 참아내는 극기 훈련을 하기도 했다. NS에서는 용무가 급한 승객을 위해 볼일을 본 후 쓰레기통에 버리는 플라스틱으로 만든 휴대용 변기를 나누어주기도 했다. 이 또한 다른 승객의 시선이 있는데 어디서 볼일을 보라는 말이냐는 시민들의 거센 항의를 받고 기관실 옆에 작은 공간을 만들었다.

　이런 우여곡절이 있었지만 결국 스프린터 열차의 화장실은 없어졌다. 이제 네덜란드 사람들은 스프린터에 화장실이 없다는 것을 알고 미리 용무를 해결하고 열차를 탄다. 공기업의 경비 절감을 위한 조치에 승객들은 불편함을 감수했고 적응한 것이다. 막대한 적자를 내는 한국의 한 조선 회사 배후에 조선 회사의 지분을 소유한 국책은행이 있었다. 국책은행의 부실한 감독과 은행 출신 낙하산 인사의 도덕적 해이가 조선 회사의 방만한 경영에 일조한 것이다. 적자를 내는 또 다른 일부 공기업 경영자의 도덕적 해이가 보도된 적도 있다. 이처럼 우리의 일부 공기업들은 도덕적 해이와 방만한 경영으로 커다란 부채를 지고 국가 경제에 짐이 되고 있다. 문제가 발생할 때마다 경영층에서는 정상화를 위해 분골쇄신이니 환골탈태니 뼈를 동원하는 말로 국민의 질책을 모면하고자 한다. 거창한 말보다 난관이 있더라도 극복하고 정상화에 실제 효과가 있는 대책을 마련하여 실행해야 할 것이다. 도덕적 해이를 감시하는 것은 당연한 일이고 열차 내 화장실까지 없애 경비를 절감한 네덜란드 철도청의 실행력과 이에 적응하는 네덜란드 국민의 모습에서 우리가 배울 점이 있다고 생각한다.

국가와 도시 마케팅

셋

해상 축제로
해양 강국 이미지 구축

네덜란드에서는 5년에 한 번씩 항해를 뜻하는 세일SAIL이라 부르는 해상 축제가 열린다. 1975년 암스테르담 건립 700주년을 기념하여 암스테르담 항구와 운하에서 열린 것이 시작이며 세계 전통 범선들의 행진, 전투 장면 시연, 선상 음악제와 항해 관련 행사를 하는 세계 최대의 해상 축제다. 주최 측에서는 역사적 의미와 전통이 있는 세계 각국의 배를 물색하여 초청하며 전 세계에서 5,000여 척의 배가 참가한다. 과거 바다를 주름잡았던 네덜란드, 영국, 프랑스, 스페인, 포르투갈의 배와 함께 러시아, 남미, 호주, 인도의 배도 참가하여 축제를 빛낸다. 축제 기간 동안 최고의 볼거리는 높은 돛을 단 범선들의 행진이다.

물의 나라인 네덜란드는 해상 축제 세일을 네덜란드와 암스테르담을 상징하는 하나의 아이콘으로 발전시켰다. 대외적으로 네덜란드가 해양 강국이었음을 알리고 내부적으로는 국민들이 자국에 자부심을 느끼고 단합하는 축제의 장으로 만들었다. 젊은이들이 선조의 위엄과 업적을 자랑스럽게 느끼고 미래에 대한 포부를 갖게 만드는 취지도 있다. 많은 관광객이 암스테르담을 방문하기에 경제 효과도 크다. 2015년 아홉 번째로 진행된 세일에서는 국왕의 사촌이자 해군 복무를 마치고 현재 예비역 해군 장성인 마우리츠 왕자가 배를 타고 참여하며 주관했다.

영국은 메이저 대회인 더 오픈The Open 골프 대회와 윔블던Wimbledon 테니스 대회를 매년 개최하고 있다. 골프 대회 이름 자체를 모든 골프 대회를 평정하는 세계 최고 대회라는 의미로 더 오픈을 사용한다. 더 오픈과 윔블던을 브랜드화하여 전통 있는 나라 영국의 이미지를 구축하고 위상을 높이는 것이다. 독일은 산업 강국답게 세계 최대 기계 전시회와 전자 산업 전시회를 개최하고 있다. 스위스는 조그만 산골 도시인 다보스Davos에서 세계의 주요 인사들이 참여하는 다보스 포럼Davos Forum을 매년 개최하고 있다. 참가비만 일인당 2,000만 원이고 숙소로 사용하는 작은 시골집은 일주일 임대료가 1억 5,000만 원이다. 회의라는 상품을 만들어 수천억 원의 수익을 올리고 있는 것이다. 또 다른 세계적인 축제로 브라질 리우데자네이루Rio De Janeiro의 삼바 축제, 독일 뮌헨Munich의 옥토버페스트Oktoberfest 맥주 축제, 일본 삿포로의 눈 축제 등이 유명하다.

선진 문화 강국은 스포츠 대회, 전시회, 회의, 그리고 축제를 통해 국가의 이미지와 인지도를 높이고 경제를 활성화시킨다. 문화 산업을 육성하여 국가의 소프트 파워를 높이고 있는 것이다. 제조업이 성공하기 위해서는 'Number One'이 되기 위해 끊임없는 치열한 경쟁을 해야 한다. 그러나 'Only One'인 문화 산업은 기존 인프라를 활용하기에 원가가 들지 않으며 경제적 이득이 큰 산업이다. 남북한 사이에는 세계에서 'Only One'인 폭 4km, 길이 250km의 비무장지대(DMZ)가 있다. 비무장지대는 무장이 허락되지 않는 평화로운 곳이며 사람의 발길이 닿지 않은 자연의 상징이 될 수 있다. 남북이 합의하여 비무장지대에 국제회의장, 숙소, 생태 공원을 조성하여 지구의 당면 과제인 평화와 환경 문제를 다루는 DMZ 포럼을 만들고 세계의 저명인사들이 스위스의 다보스가 아닌 한반도의 DMZ로 모이는 꿈을 꾼다.

혁신 도시 상징이 된
이색 건축물

로테르담 시내의 큐브 하우스Cube House 앞은 마치 영화 〈인터스텔라〉 속의 한 장소 같다. 영화를 보면 중력을 벗어난 우주정거장에서 야구 경기를 하면 타자가 친 야구공이 높이 궤적을 그리며 올라가고 하늘에서는 집이 쏟아질 듯 서 있는 장면이 나온다. 박스 하우스로도 부르는 큐브 하우스는 〈인터스텔라〉의 그곳처럼 집이 아래로 쏟아져 내릴 듯 서 있다. 30층 높이의 아파트가 중간이 휘어진 12층의 아치 형태로 되어 있고 아치 아래 공간에는 현대식 시장이 들어서 있다. 시장 안에서 위를 바라보면 하늘에 집이 휘어져 있어 이 또한 중력을 벗어난 공간 같다. 이 이색적인 공간은 혁신 도시 로테르담을 보여주는 큐브 하우스와 마르크탈Markthal이라는 이색적인 건축물들이다.

로테르담은 전통적인 건물과 유적지가 남아 있는 유럽의 다른 도시와 달리 현대적인 분위기가 물씬 풍기는 도시다. 제2차 세계대전이 발발하자 독일군은 로테르담이 연합군의 거점이 될 수도 있다는 이유로 도시를 철저하게 파괴했다. 전쟁이 끝난 후 폐허가 되었던 로테르담은 중요한 위치 덕분에 유럽의 물류 요충지로서 세계 최대 항구로 발전했다. 로테르담을 이끄는 지도자와 시민들은 로테르담을 복구하며 이 도시를 첨단 이미지를 갖춘 혁신과 문화 도시로 만들자는 목표를 세웠다. 로테르담 항구에서는 유럽으로 들어오고 나가는 물류를 자동화된 무인 항만 시스템을 갖추어 처리하고 있다. 세계 최대의 첨단 항구도시라는 위상과 아울러 창의적이고 이색적인 건축물로 혁신 도시 이미지를 구축했다. 또한 매년 영화제와 음악제를 열어 문화 도시 이미지를 구축하고 있다.

세계에는 혁신 도시의 이미지를 구축하고 있는 도시들이 많다. 단지 대형 건축물로 랜드마크를 만드는 것만이 아니라 창의적인 아이디어로 이색적인 건축물이나 서비스를 창조하여 혁신적인 이미지를 만드는 것이다. 로테르담에 미래지향적인 도시 콘셉트에 맞춘 큐브 하우스와 마르크탈이라는 상징이 있다면 파리에는 도심의 혼잡함과 공해를 줄이는 공공 무인 임대 자전거인 벨리브Velib가 있다. 런던에는 전통 있는 도시라는 이미지를 유지하는 빨간색 2층 버스와 검은색 택시 블랙캡이 있다. 로테르담의 큐브 하우스와 마르크탈, 파리의 벨리브, 그리고 런던의 빨간색 2층 버스는 창조적인 아이디어와 색상을 통해 만들어진 도시의 상징으로, 도시의 혁신적인 이미지와 전통적인 이미지를 조화롭게 연결시킨다.

서울은 대중교통과 통신 분야에서 혁신 도시 이미지를 갖고 있다. 토굴 같은 통로를 지나 비좁은 지하철을 타는 유럽과 냄새 나고 오래된 철 구조물이 지탱하는 지

하철을 타는 뉴욕 사람들에게 쾌적하고 편리한 서울
의 지하철은 물론, 지하철 안에서 단말기 화면을 응시
하며 인터넷을 하는 사람들의 모습은 무척 놀랍다. 지
하에도 초고속 인터넷이 활성화되어 있고 어디에서나
인터넷 사용이 편리하며 자동화 시스템이 잘되어 있
다. 서울은 대중교통과 통신 분야에서 미래의 도시가
어떤 모습일지 그려볼 수 있는 청사진을 제시한다. 영
화제로 이름을 알린 부산은 아름다운 해변과 현대적
인 건축물이 어우러진 문화 도시라는 이미지를 가지
고 있다. 서울의 혁신적인 이미지와 부산의 문화 도시
이미지가 발전되어 더욱 주목받고 다른 도시들 또한
도시만의 상징을 구축해 나아갔으면 한다.

: 부국을 만든
  산업 경쟁력

현대에 전통을 입힌
관광 도시

    높은 건물, 휘황찬란한 거리, 복잡한 도심도 멋진 분위기가 있지만 그 도시만의 전통을 느껴보는 경험은 무척 매력적이다. 다른 도시와 별 차이 없는 분위기의 도시라면 굳이 그곳에 갈 필요가 없지 않을까? 그 도시만이 가진 독특한 문화와 역사를 엿보고 개성을 발견할 수 있다면 그 도시에 대한 호기심과 즐거움은 더욱 커질 것이다. 그래서 자신들의 역사와 문화를 지키며, 그것을 관광 산업으로 발전시키는 도시들이 있다. 독일 뮌헨에는 호프브로이하우스Hofbrauhaus라는 세계 최대의 생맥줏집이 있다. 뮌헨 도심 광장 뒤편의 고풍스러운 건물에 위치한 호프브로이하우스는 과거 독일 남부 지역을 다스리던 왕가 소유의 양조장으로 내부 그림과 장식을 그대로 보존하고 있어 들어서는 순간 독일의 전통 분위기를 느낄 수 있다. 전통 의상을 입은

직원들이 맥주가 든 머그잔을 나르고 역시 전통 복장을 한 악대는 독일 전통 곡을 연주한다. 호프브로이하우스는 시끌벅적한 분위기 속에서 푸짐한 독일 전통 음식과 맥주를 마시며 독일다움을 체험하며 추억을 만드는 장소다. 영국 런던에는 전통 시장인 버로우 마켓Brough Market이 있다. 1272년에 개장한 버로우 마켓은 채소, 과일, 해산물을 포함한 식료품을 파는 시장이다. 관광객들은 영국의 전통이 느껴지는 분위기 속에서 런던 사람들의 삶을 경험할 수 있다. 시장을 구경하고 속이 꽉 차고 양이 많은 저렴한 샌드위치로 한 끼를 때우며 영국에서의 추억을 만든다. 일본은 자신들의 문화를 최대한 활용하여 관광객을 유치한다. 전통 여관인 료칸은 전통 의식주를 유지하며 여행객에게 색다른 경험을 제공한다.

네덜란드의 대표적인 관광지 중 하나인 풍차 마을 근처에 위치한 도시 잔담Zandam은 과거와 현대가 공존하는 느낌의 도시다. 시의 중심가에 있는 시청 건물과 중앙역 역사는 현대식으로 지었으나 외관은 네덜란드의 전통 가옥 형태를 갖추고 있다. 중앙역 바로 앞에는 전통 가옥 모습의 호텔이 있다. 이 호텔은 2011년에 건설했으나 외관은 전통 가옥 형태를 유지했다. 잔담 도심에는 옛 가옥이나 건물을 그대로 유지하고 내부만 보수하여 활용하는 상점들도 많다. 잔담은 전통 가옥과 건물은 유지 보수하고 신축 가옥과 건물은 전통 가옥 모습의 외관으로 지어 현대 도시에 고풍스러운 이미지가 가미된 도시이다.

12층의 전통 가옥 외관의 한 4성급 호텔은 하룻밤 숙박료가 두 명 기준으로 80~140유로로 비수기에는 더 경제적인 가격에 묵을 수 있다. 잔담에 방문하는 사람들은 기차에서 내리는 순간 기차 역사를 보며 과거를 여행하는 듯한 느낌을 받고 고풍스러운 외관의 호텔에 묵으며 네덜란드의 전통적인 분위기를 느낀다. 그리고 가까이 있는 우리의 민속촌 같은 풍차 마을을 방문하며 과거 네덜란드 사람들의 삶을 둘러본다. 잔담은 네덜란드의 전통과 역사를 보여주는 관광 중심 도시에 맞게 도시의 외관과 이미지를 만들고 있는 것이다. 우리 동네에도 풍차 식당이 하나 있다. 풍차의 날개를 그대로 보존하고 1층 공간을 개조하여 식당으로 만든 곳이다. 손님들은 풍차 안에서 식사하며 네덜란드의 전통적인 분위기를 느낀다.

한국에도 전주 한옥마을이나 서울의 북촌처럼 한옥이 보존된 관광지가 있다. 한옥을 개조한 숙박 시설과 한옥 식당과 상점을 특화하여 관광객을 유치하는 인사동도 있다. 하지만 아직 한국의 전통 의식주를 체험하기에는 미흡하다. 더구나 외국인을 상대로 한 바가지요금이 화제가 된 적도 있다. 우리나라의 전통을 느낄 수 있는 한옥 식당과 숙소가 국내 여행자와 해외 여행자 모두에게 부담 없이 한식을 즐기고 한국다움을 체험하고 추억을 만드는 장소가 되었으면 한다. 또한 전통 시장은 그 나라 보통 사람들의 삶을 느끼고 체험하는 장소다. 해외 여행자가 긴장을 풀고 사람 냄새를 맡는 곳이기도 한다. 구식이 주는 편안함과 소란스러운 정겨움 속에 상인들의 따뜻한 정을 느끼고 그 나라에 애정을 갖게 된다. 한국의 전통 시장도 외국인들이 쇼핑뿐만 아니라 보통 사람들의 삶을 느껴보고자 많이 방문한다. 한국의 전통 시장을 방문한 여행자들이 바가지가 아닌 한국인의 활력과 따뜻한 정을 느끼고 추억을 만들었으면 한다.

경쟁력 있는 언어 구사력, 교통

넷

평균 세 개 언어를 구사하는
언어 강국

어릴 적 명절이면 TV 명화나 만화영화를 보며 시간을 보냈다. 〈벤허〉, 〈사운드 오브 뮤직〉 같은 미국 영화와 〈태양은 가득히〉 같은 프랑스 영화는 명절마다 방영되는 단골 영화였다. 모든 영화는 그 당시 최고 성우들의 목소리로 더빙되어 멋있고 예뻤지만 비슷한 느낌을 주었다. 네덜란드는 한국과 다르게 유아를 위한 프로그램을 제외하고는 더빙 없이 원어 그대로 방영하고 네덜란드어 자막으로 대사를 전달한다.

최근 유럽 사람들이 구사할 수 있는 언어의 수를 조사했는데 네덜란드는 3.2개로 가장 많았다. 덴마크, 발트삼국, 스웨덴이 2.5~2.8개로 그 뒤를 이었다. 프랑스, 이탈리아, 스페인, 영국이 1.6~1.8개로 하위권을 형성했다. 네덜란드는 유럽의 물류 중심지로 미국과 아시아 국가의 회사들이 유럽 본부를 두는 나라다. 금융은 런던, 연구는 프랑크푸르트에 본부를 두는 회사들도 있지만, 많은 회사가 마케팅과 판매 본부는 네덜란드에 두고 있다. 네덜란드에 외국 회사의 유럽 본부가 많은 이유 중 하나가 네덜란드 사람들의 뛰어난 언어 구사 능력 덕분이다.

네덜란드는 초등학생들도 영어로 간단한 의사소통이 가능하며 중학생 이상의 청소년부터는 영어로 원활하게 의사소통을 할 수 있다. 거스 히딩크 전 축구 국가대표팀 감독은 영어는 물론 스페인어와 독일어로 거침없이 기자회견이나 인터뷰를 했다. 네덜란드어가 다른 유럽 언어와 같은 뿌리를 두고 있기 때문이기도 하지만 어려서부터 방송을 통해 영어에 친숙해지는 환경과 학교의 실용적인 언어교육이 중요한 이유다. 아울러 실수를 두려워하거나 부끄러워하지 않고 틀린 부분에 대한 지적을 긍정적으로 받아들이는 문화도 언어 구사력이 뛰어난 이유 중 하나라고 생각한다.

한국은 공교육뿐만 아니라 사교육을 통해서도 영어 교육에 많은 시간과 비용을 들이고 있다. 오바마 전 미국 대통령이 방한했을 때 한국 기자들에게만 질문 기회를 주었는데 아무도 질문하지 않았다. 영어를 잘할 수 있을까 하는 불안감과 남의 시선을 의식했기 때문이라고 생각한다. 외국 회사들이 아시아 본부를 세울 때 우선순위를 두는 곳은 싱가포르와 홍콩이다. 인도인들이 글로벌 회사에서 두각을 나타내고 최고 책임자 자리에 오르고 있다. 모두 영어를 공용어로 쓰는 나라들이기 때문이다. 한국의 생존 전략 중 하나는 국제화다. 시험을 잘 보기 위한 영어 교육이 아니라 실전에서 활용할 수 있는 영어 교육이 필요하다. 영어를 구사할 때 실수를 두려워하지 말고 자신 있고 뻔뻔해질 필요가 있다. 우리나라는 영어가 공용어가 아니다. 실수는 당연하다. 당당하게 영어를 구사하다 보면 실력도 향상된다.

출입국 절차 없는 국경

       네덜란드와 인접한 나라의 국경에는 검문소가 없고 입국 절차도 없다. 파란 바탕에 별을 그려 넣은 EU 국기 표지판과 입국하는 국가의 제한 속도를 알려주는 표지판이 국경임을 알려주는 유일한 표시다. 충청도에서 경기도로 들어가는 것과 다를 바 없다. 유럽의 고속도로는 각국의 고속도로 번호와 아울러 유럽 공통 고속도로 번호가 함께 표시되어 있다. 벨기에 A25에서 네덜란드 A2로 연결된 유럽 E25를 지나고 있다고 알려주며 유럽 공통은 초록색으로 표시된다. 여러 나라를 자동차로 이동한다면 각국과 유럽 전체 고속도로 번호를 숙지하면 된다.

       제2차 세계대전이 끝나고 독일과 프랑스가 주축이 된 여섯 나라에서 유럽의 경제 재건과 평화 정착을 위해 1957년 유럽 경제 공동체(EEC)를 창설했다. EEC는 유럽 공동체(EC)로 확대되었고 회원국 간 관세를 없애는 수준을 넘어 국경을 개방하고 같은 통화인 유로를 쓰는 유럽연합(EU)으로 발전했다. 현재 EU 회원국은 30개국이며 독일, 프랑스, 네덜란드와 같이 국경을 개방하고 유로를 쓰는 유로존 국가, 덴마크, 스웨덴과 같이 국경은 개방하지만 유로는 사용하지 않는 국가, 그리고 영국과 같이 국경도 개방하지 않고 유로도 쓰지 않는 세 개의 그룹으로 구분된다(영국은 EU 탈퇴 결정).

암스테르담에서 비행기로 독일에 간다면 국내선처럼 출입국 절차가 없다. 그러나 영국으로 간다면 암스테르담에서 출국 심사를 하고 영국에서 입국 심사를 받아야 한다. 한국에서 출발해 암스테르담에서 환승을 하고 독일로 간다면 암스테르담에서 입국 심사를 받아 EU로 입국한 상태라서 독일은 입국 심사 없이 입국한다. 한국에서 출발해 암스테르담에서 영국으로 간다면 암스테르담 공항의 입국 심사대를 통과하지 않고 EU 역외국행 비행기 탑승장에 있는 영국행 비행기로 갈아타고 영국에 도착하여 입국 심사를 받아야 한다.

독일 뒤셀도르프Dusseldorf에서 암스테르담으로 연결된 독일 A3 고속도로는 속도 제한이 없고 차량 통행이 적다. 얌전한 네덜란드 운전자들도 이 고속도로에서는 200km로 질주하고 일차선에서 앞 차가 느리게 가면 비켜달라고 전조등을 번쩍이며 독일 운전자 흉내를 낸다. 잠시 속도감을 즐긴 네덜란드 운전자들은 국경을 지나자마자 급하게 110km로 속도를 줄인다. 간혹 국경을 지나친 것을 깜박 잊고 계속 질주하는 다른 나라 방문객들은 국경에 잠복하고 있는 네덜란드 경찰의 먹이가 되기도 한다. 이렇듯 출입국 절차가 없어 편리한 점도 있지만 더욱 신경 써야 하는 부분도 있는 것이다.

: 부국을 만든
　산업 경쟁력

윤리와 투명성을 중시하는 기업 경영

다섯

왕실을 뜻하는
로열의 권위와 사용권

이름 그대로 조개 모양 로고를 가지고 있는 정유회사 로열 더치 셸 Royal Dutch Shell은 네덜란드와 영국의 합작회사이며 매출액 기준으로 세계에서 가장 큰 회사다. 왕이 있는 나라인 네덜란드에서 '로열'은 왕실을 의미하며 함부로 사용할 수 없는 권위를 가지고 있다. 네덜란드의 도자기 로열 델프트Royal Delft는 유럽에서 가장 오래된 전통 있는 도자기다. 로열 컨서트게바우Royal Concertgebouw 오케스트라는 세계적인 명성을 가진 네덜란드 오케스트라다. 그리고 네덜란드의 KLM 로열 더치 에어라인KLM Royal Dutch Airline은 세계에서 가장 오래된 항공사다.

네덜란드에서 '로열'이라는 이름은 엄격한 심사를 거쳐 회사나 상품, 조직, 단체에 주어진다. 심사의 기준은 첫 번째, 국제적인 명성이 있어야 한다. 두 번째, 오랜 역사와 전통을 가지고 있어야 한다. 세 번째, 해당 부문에서 리더 역할을 해야 한다. '로열 더치 셸', '로열 델프트', '로열 컨서트게바우', 'KLM 로열 더치 에어라인' 이 네 개의 회사와 제품, 단체는 이 세 가지 기준을 충족시켰기 때문에 '로열'이라는 이름을 사용할 수 있는 것이다. 로열은 한 번 주어졌다고 해서 영구적인 것이 아니다. 재심사를 통해 기준에 미달하면 로열을 사용할 수 없다. KLM은 2012년에 재심사를 받고 향후 25년간 로열을 사용할 수 있는 허가를 받았다.

공화국인 우리나라에서 로열에 상응하는 이름은 대한이라고 생각한다. 학창 시절 대한극장에서 영화를 보기 전에 '대한 뉘우스'를 봤던 생각이 난다. 우리나라에서는 대한이라는 이름을 제약 없이 사용할 수 있다. 최근 대한이라는 이름을 실추시킨 기업과 단체도 있었다. 대한통운은 2000년대 모기업의 과도한 빚보증으로 다른 회사로 인수되었다. 전선과 소재에 집중하는 우량기업이었던 대한전선은 과도한 부동산 투자로 인해 매각될 처지에 놓여 있다. 2014년 말 대한항공에서 땅콩 서비스와 관련된 불미스러운 일이 있었고 2018년에도 불미스러운 일로 국민의 이목을 끌었다. 일부 국민은 대한이라는 이름을 회수해야 한다는 의견을 피력하고 있다. 우리에게 대한은 단지 회사 이름이기 이전에 국가를 상징하기 때문에 그 권위를 실추시키면 안 된다는 점을 지적한 것이다. 네덜란드의 '로열'이 가지는 의미만큼 우리나라의 '대한'도 똑같은 의미와 가치를 가진다고 생각한다. 비록 까다로운 심사를 거치지는 않지만 '대한'이라는 이름을 붙였다면 나라를 대표한다는 사명감을 가지고 국민에게 사랑받고 국민이 자부심을 느낄 수 있도록 분발했으면 한다.

현금 없는 은행과
통장 없는 은행거래

네덜란드는 유럽의 다른 나라와 마찬가지로 상가 지역이나 도로에 접한 건물 벽에 설치된 현금인출기에서 돈을 찾는다. 네덜란드의 은행 지점 내부는 은행을 상징하는 색상과 인테리어로 꾸며 은행마다 각각 다른 분위기다. 초록색의 아베엔암로ABNAMRO 은행과 주황색의 아이엔지ING 은행은 네덜란드에서 가장 큰 은행이다. 지점 내부에는 자동입출금기기 두세 대와 무료 커피 기계, 그리고 다섯 대 정도의 컴퓨터가 설치되어 있다. 고객의 문의를 도와주는 직원 한 명이 안내데스크에 서 있고 신용카드 발급, 보험, 연금과 같은 업무와 상담을 위한 상담실이 두 개 정도 있다.

네덜란드 또한 인터넷과 폰뱅킹이 확산되며 은행 지점이 줄어들고 있다. 지점 내 직원의 수를 줄이고 실내는 안락한 분위기의 카페처럼 꾸몄다. 네덜란드 은행은 통장을 발행하지 않고 고객이 원하는 주기별로 입출금과 잔액 명세를 우편으로 보내준다. 계좌를 개설할 때는 실명과 주소를 정확히 밝혀야 하며 일정 한도 이상의 현금을 넣은 계좌를 개설하거나 입금하려면 현금 출처를 확인한다. 자금 거래가 현금이나 수표가 아닌 전신으로 이루어져 돈의 흐름이 투명하고 불법 자금이나 비자금 조성이 원천적으로 차단된다. 입출금은 현금인출기를 통해 이루어지기 때문에 공항에서 환전하는 경우를 제외하고는 은행원과 고객 간 현금을 주고받는 경우가 거의 없다.

아베엔암로 은행의 경우 최대 다섯 개 계좌, 두 개 직불카드, 신용카드, 인터넷 뱅킹, 월 1회 입출금명세를 보내주는 기본 패키지 서비스료가 월 4유로다. 우리처럼 인터넷 뱅킹이 보편화되어 있어 기업이나 가정에서는 주로 인터넷 뱅킹을 사용한다. 공과금이나 회비는 인터넷으로 지불 가능하고 지로 용지에 출금되는 계좌번호를 적고 서명을 하여 은행에 보내거나 은행 수거함에 넣으면 은행에서 처리한다. 현금 입출금과 인터넷 뱅킹을 위해 우리의 현금카드에 해당하는 직불카드 사용이 일상화되어 있다.

한국은 계좌 개설이나 카드 발급이 은행 지점에서 신속히 이뤄지지만, 네덜란드는 2주 정도 소요된다. 반면 한국은 오만 원권이 어디로 갔는지 모를 정도로 자금 거래 투명성은 아직 낮다. 1993년 한국에서 금융실명제가 발표될 당시 금융실명제에 대해 네덜란드 사람들에게 이야기하면 당연한 것을 새삼스럽게 실행하느냐며 의아한 반응을 보였다. 한국과 네덜란드의 은행거래에는 장단점이 있다. 철저한 실명 확인, 현금 출처 확인, 거주지로 입출금 명세를 보내는 네덜란드 은행 시스템은 투명한 자금 거래를 뒷받침한다. 우리나라 은행의 장점인 신속성에 네덜란드의 투명성이 보완된 은행 제도를 마련한다면 효율적이고 투명한 사회를 만드는 밑거름이 될 것이다.

경쟁력과 시장 원리에 따른
기업 퇴출

헤이그 인근에 로우만 자동차 박물관Louwman Museum이라는 곳이 있다. 로우만 박물관은 원래 1969년 문을 연 국립 자동차 박물관이었다. 이후 자동차 수입 판매로 재산을 모은 로우만Louwman 가문 재단이 인수하여 로우만 자동차 박물관으로 재탄생했고 2010년 지금의 자리에 유명 건축가가 설계한 박물관을 만들었다. 로우만 박물관에는 세계 자동차 역사에 자취를 남긴 유명 브랜드 자동차들이 전시되어 있다. 전시된 자동차를 통해 자동차 산업의 역사와 자동차 기술의 진보를 볼 수 있는 곳이다.

특히 전시된 자동차 중 19세기 말부터 20세기 초까지의 자동차 산업 태동기와 초창기에 생산된 자동차들이 관람객에게 인기가 많다. 1950년대 후반 네덜란드에서 생산된 자동차도 눈길을 끈다. 네덜란드에는 1926년 설립된 DAF라는 자동차 회사가 있다. 트럭을 주로 생산했던 DAF는 제2차 세계대전 후 복구와 재건에 필요한 트럭과 버스 수요 증가에 힘입어 성장했다. 1950년대 후반에는 승용차 생산에도 뛰어들어 세계 최초로 안전벨트를 고안하기도 하고 도르래 원리를 적용한 자동변속기를 선보이며 주목을 받았다.

그러나 1975년 DAF의 승용차 부문은 스웨덴 볼보에 매각된다. 1970년대 중후반에 닥친 석유파동으로 수요가 줄고 이웃한 자동차 생산 강국 독일, 프랑스, 영국, 이탈리아 업체와의 경쟁에서 밀렸기 때문이다. DAF를 인수한 볼보는 스칸디나비아 삼국과 핀란드에서의 탄탄한 지역 기반을 바탕으로 유럽의 자동차 강국 업체들과 경쟁할 수 있었다. 볼보는 DAF의 안전벨트를 발전시킨 3점 안전벨트, 측면 에어백, 그리고 충격 흡수 범퍼를 선보이며 안전한 차라는 이미지를 구축하며 성장했다. 그러나 볼보 역시 경쟁에서 밀려 1999년 미국 포드사에 매각되었고 다시 2010년 중국 자동차 회사에 매각되었다.

네덜란드에는 50에서 100인승 사이의 중형 항공기를 제조하는 포커Fokker사가 있었다. 1930년대 미국 민항기 시장의 40%를 차지하는 세계 최대 항공기 제조사였다. 보잉과 에어버스 사이에서도 틈새시장인 단거리용 중형 항공기 시장을 지키며 경쟁력을 유지했으나 캐나다의 봄바르디어Bombardier와 브라질의 엠브라에르Embraer와의 중형기 제조 경쟁에서 밀려 1996년 도산했다. DAF와 포커는 1,700만 인구의 유럽 강소국 네덜란드의 제조업을 대표하는 회사였다. 두 회사는 독보적인 기술을 선보이며 한때는 선전했으나 DAF는 잊혔고 포커는 도산했다.

DAF와 포커를 보면 국제 경쟁에서 밀리면 도태될 수밖에 없다는 엄중한 현실을 깨닫게 된다. 아울러 국가의 기반 제조업도 경쟁력을 상실하면 시장 원리에 따라 퇴출된다는 교훈을 던져준다. 한국의 전자 산업에 일격을 당한 일본은 자동차 산업만큼은 세계 최고의 경쟁력을 유지하고 있다. 그리고 생산기술을 향상시킨 중국 자동차는 세계 시장에 나설 채비를 하고 있다. 한국의 자동차 산업을 포함한 주력 제조업은 박물관에 보관되어 한때의 영광을 달래주는 박제된 산업으로 남지 않기를 바란다. 활기차게 피가 돌고 숨을 쉬는 생명력과 경쟁력 있는 산업으로 남기를 기대한다.

경제 용어가 된
네덜란드 병

네덜란드 정유 산업 단지는 네덜란드 산업과 경제의 명암을 보여주는 곳이다. 네덜란드는 제2차 세계대전이 끝나고 파괴된 산업 단지를 복구하며 경제를 재건하는 와중에 1953년 대홍수로 인해 어마어마한 인명과 재산 피해를 겪는 어려움에 직면했다. 이러한 상황 속에 1959년 네덜란드 경제에 한 줄기 빛이 흘렀다. 북해 유전이 발견된 것이다. 이후 원유를 수출하고 정유 산업을 일으켜 막대한 외화를 벌어들였다. 벌어들인 외화로 정부의 지출을 늘리고 국민의 소비를 진작시켜 네덜란드 경제를 호황으로 이끌었다. 그러나 단기간의 막대한 외화 수입은 예상하지 못한 심각한 부작용을 낳았다. 원유와 정유 산업 이외의 다른 핵심 제조업을 육성하고 경쟁력을 키우는 데 소홀했고 물가 상승과 통화 가치 상승으로 네덜란드 제조업은 경쟁력을 잃게 되었다.

경쟁력을 상실한 제조업은 네덜란드 경제에 짐이 되었다. 이로 인해 1960년대 중반부터 1970년대까지 네덜란드 경제는 극심한 침체에 시달렸고 노사 간 갈등으로 사회적 혼란이 계속되었다. 원유라는 천연자원은 네덜란드가 얻은 커다란 선물이었지만 결국에는 정신적 해이와 경제력 상실을 일으킨 해악이 되었다. 이처럼 네덜란드에서 발생한 경제적 현상을 네덜란드 병Dutch Disease이라고 부르게 되었다. 네덜란드 병은 비용을 각자 부담한다는 의미인 더치페이Dutch Pay와 함께 세계적으로 통용되는 경제 용어다.

네덜란드 병 외에도 국가별로 생기는 특이한 현상이나 방식을 해당 국가명을 붙여 표현하는 용어들이 있다. 극심한 노사대립으로 산업 경쟁력을 상실하는 것을 뜻하는 영국 병British Disease, 부모가 자녀의 자율을 존중하는 교육 방식을 의미하는 스칸디 맘Scandi Mom, 그리고 우리나라에서 즐겨 쓰는, 튼튼하고 내구성 있는 제품을 만드는 장인 정신과 제조업 경쟁력을 상징하는 독일 전차가 있다.

'코리아Korea'가 들어가는 한국의 습관, 방식, 그리고 현상을 의미하는 용어는 무엇이 있을까? 가장 먼저 생각나는 것은 코리안 타임Korean Time이다. 시간관념 부족으로 약속 시간에 늦는 한국인들의 좋지 않은 습관을 표현하는 말로, 한국 사람들이 시간을 잘 지키고 부지런해지자 점차 사라졌다. 또 코리안 에이지Korean Age가 있다. 2017년 12월 30일 태어난 네덜란드 아기와 한국 아기가 있다. 2018년 현재 네덜란드 아기는 0살이지만 한국 아기는 두 살이다. 네덜란드 아기는 태어난 지 일 년이 되지 않았기에 아직 0살이고 한국 아기는 태어난 연도를 포함하여 현재 몇 번째 연도인가로 산정하기 때문에 두 살인 것이다. 코리안 에이지는 세계적으로 통용되는 용어는 아니지만 나이에 관해 외국인과 대화할 때 자주 언급된다. 또 코리안 웨이브Korean Wave 가 있다. 흔히 한류로 일컬어지는 코리안 웨이브는 K-POP, 드라마, 영화를 시작으로 음식, 의상, 화장품, 성형으로 확대된 한국 문화를 아시아권에서 부르는 용어다. 또 한국 병Korean Disease이 있다. 한국 병은 한국에서 발생하는 제반 부정적인 현상이나 방식을 칭하는 용어로 아직 구체화되지 않은 국내용 용어다. 만약 한국에서 부정적인 현상이 반복해서 발생한다면 한국 병은 국제적인 용어가 될 것이다. 설마 일본이 침략하겠느냐고 오판했다가 국토가 유린당한 임진왜란, 나라를 뺏길 위기에 남에게 기대며 국권을 상실한 경술국치, 급변하는 정세 파악에 어두워 방지와 대비를 하지 못한 한국전쟁, 그리고 펀더멘탈(기본)이 양호한데 경제가 무너지겠느냐며 안주했다가 닥친 IMF 등의 위기에서 교훈을 얻어야 한다. 우리는 위기를 감지하고서도 위기인지 아닌지 진영 간 의견이 양분되고 반목하다 위기의 실체를 규명하지 못한 채 시간을 보냈다. 그리고 위기인지 아닌지 분명하게 인지하지 못하면서 심리적 불안만 초래하며 큰 위기로 증폭되었다. 마지막으로 분명한 위기임에도 공포심에 싸여 넋을 놓고 있다가 대책 수립과 실행을 하지 못했다. 1,200조에 달하는 가계 부채, 중국의 거센 도전으로 미래의 먹을거리가 없어지는 제조업의 경쟁력 약화, 그리고 분단에 따른 불안이 현재 주요한 위기로 거론되고 있다. 이러한 위기에 대해 정부는 정확한 상황과 대응책을 국민에게 알리고 정치권은 합의하여 대처 방법을 실행에 옮길 때 국민의 지지와 동참으로 위기를 해결할 수 있을 것이다. 한국 병이 반복되는 위기에 대응하지 못하는 병이라는 뜻으로 국제 용어가 되지 않기를 바란다.

Part 4

불리한 환경, :
도전의 역사

네덜란드는 불리한 자연환경 속에서 살아가며, 강대국에 둘러싸여 시련을 겪었다. 하지만 불리한 환경을 극복하고 시련을 이겨낸 네덜란드 사람들의 도전과 진취적인 정신은 네덜란드를 행복한 선진국으로 만든 토대가 되었다. 네덜란드를 도전적이고 진취적인 나라로 만든 환경과 역사를 살펴보자.

불리한 자연환경

하나

물길에 만들어진
암스테르담

　　암스테르담에는 400년 전 네덜란드 황금기에 건설된 반원 형태의 운하가 있다. 운하 옆에는 온전하게 보전된 전통 양식의 좁고 긴 건물들이 늘어서 있어 암스테르담을 상징하는 이미지를 만들어낸다. 100km에 이르는 운하에는 1,500개의 다리가 있으며 배를 타고 운하를 지나다 보면 지역별로 각기 다른 생동감과 친근감을 느낄 수 있다. 암스테르담의 세 개의 반원 운하는 2010년 유네스코 인류문화유산에 등재되었을 정도로 그 역사적 가치를 인정받고 있다.

　　12세기 일부의 사람들이 뗏목을 타고 암스텔 강을 따라 내려와 현재의 암스테르담 지역에 정착했다. 이들은 강으로 둘러싸인 습한 지역에 둑과 갑문을 만든 후 청어나 맥주를 싣고 바다와 내륙을 왕래하는 상인들에게 통행료를 받기 시작했다. 암스테르담은 통행료 수입을 발판으로 배를 만들고 맥주를 생산하고 생선을 거래하는 상업의 중심지가 되었다. 이처럼 암스테르담의 이름은 암스텔 강에 둑Dam을 쌓아 만들었다는 의미로 암스테르담이 되었고 상업 정신을 바탕으로 건설된 상업 중심 도시가 되었다.

현재 암스테르담에는 80만 명이 거주하고 있으며 암스테르담에 사는 외국인들의 국적 수가 180여 개에 이를 정도로 국제화된 도시다. 2017년 기준 네덜란드 외국인 방문자 수는 1,700만 명이고 암스테르담 방문자 수는 800만 명이었다. 세계 최대 항구인 로테르담이 물류 산업을 중심으로 한 생산 중심 도시이고 헤이그가 행정 중심 도시라면 암스테르담은 관광과 소비 중심 도시다. 이를 빗대서 로테르담에서 벌어서 헤이그에서 세금을 내고 암스테르담에서 즐긴다는 말이 있다.

암스테르담에 운하가 있다면 서울에는 산이 있다. 전 세계적으로 인구 1,000만이 넘는 도시 중 산으로 둘러싸인 도시는 없다. 알프스 인근 일부 도시가 산과 가깝지만 모두 소도시들이다. 서울은 남산, 북한산, 인왕산, 관악산, 수락산 등이 있어 도심에서 쉽게 산을 찾을 수 있다. 외국인들이 서울에 와서 놀라는 것 중 하나가 가까이에 산이 있고 편리한 대중교통을 이용하여 언제든지 갈 수 있다는 것이다. 물과 가까이 살아온 암스테르담 시민들은 철마다 다른 매력이 있는 산에 둘러싸여 살아가는 서울 시민들을 부러워할 것으로 생각한다.

물길이
스케이트장이 되는 겨울

최근 네덜란드는 겨울에 얼음이 얼지 않는 포근한 날씨가 계속되고 있다. 겨울 스케이팅을 즐기는 네덜란드 사람들은 얼음이 얼지 않으니 인공 스케이트장에서 스케이트를 탄다. 네덜란드는 곳곳에 수로와 호수가 많아 얼음이 얼면 모두 천연 스케이트장이 된다. 네덜란드 사람들은 오래 전부터 겨울이 되면 동물 뼈로 만든 스케이트를 타고 수로를 따라 호수를 건너 일터나 학교로 이동했고 여가로 스케이팅을 즐겼다. 네덜란드는 스피드 스케이팅의 원조 국가이기도 하다. 물길이 천연 스케이트장이 되는 환경으로 인해 스케이팅은 국민 스포츠가 되었고 네덜란드를 스피드 스케이팅 강국으로 만들었다. 네덜란드가 동계올림픽에서 획득한 메달 중에서 96%가 스피드 스케이팅 종목에서 딴 것이다. 날씨가 추워져 얼음 두께가 14cm

가 되면 북부 프리슬란트Friesland 지역에서는 200km를 달리는 스케이팅 마라톤 대회가 열린다. 아쉽게도 1997년 이후에는 얼음이 얼지 않아 열리지 못했다. 스케이팅 마라톤 대회에 참가하면 혹독한 추위 속에서 새벽부터 밤늦게까지 얼음을 지치며 완주하는 것만으로도 개인과 가문의 영광으로 생각한다. 이 대회는 제2차 세계대전 중이던 1940년 독일 나치 치하에서도 열렸다. 네덜란드 사람들은 다른 나라에 지배당하는 아픔을 달래기 위해 얼음 위를 달렸다. 나치 치하 네덜란드에서 스케이팅 마라톤이 열리기 4년 전인 1936년, 일제 치하에서 우리의 손기정 선수가 나라를 잃은 울분을 삭이며 베를린 올림픽 마라톤에서 우승을 차지하기도 했다.

네덜란드 사람들이 한국을 친근하게 느끼는 이유 중 하나는 한국의 스피드 스케이팅 실력 때문이다. 한국은 밴쿠버 올림픽에서 스피드 스케이팅 종목의 꽃이라 할 수 있는 남녀 500m 경기를 모두 석권했다. 소치 올림픽에서도 남자는 네덜란드가 우승했지만 여자는 이상화 선수가 정상을 지켰다. '상화 리' 선수는 네덜란드에서도 유명하며 스피드 스케이팅의 교범으로 불린다. 네덜란드는 평창 올림픽에서 이상화 선수를 이기고 맞수 국가에서 스피드 스케이팅을 천하통일하겠다는 야심찬 계획을 세웠었다. 한국도 네덜란드 코치를 영입하여 네덜란드 기술을 접목하여 반격하겠다고 벼렸었다. 아쉽게도 여자 500m에서는 일본 선수가 금메달을 가져갔지만 네덜란드와 한국 모두 자신의 기량을 충분히 펼쳤다.

네덜란드와 한국은 자연환경이 불리하고 주위 강대국으로부터 시련을 겪었다는 공통점이 있다. 그리고 불리한 환경을 활용하고 시련을 극복하고자 하는 강인함을 가졌다는 공통점도 있다. 은근과 끈기의 네덜란드와 한국 간 맞수 관계가 스포츠 이외의 다른 분야에도 많아졌으면 좋겠다.

국토의 25%가
해수면보다 낮은 나라

　　"물을 내려다보며 사는 세상은 신이 만들었지만 물을 올려다보며 사는 네덜란드는 네덜란드 사람들이 만들었다"는 말이 있다. 이렇듯 네덜란드는 이름 자체가 '낮은 땅'이라는 뜻이다. 왼쪽에는 물이 흐르고 가운데는 도로와 둑이 있고, 오른쪽에는 해수면보다 낮은 땅이 있다. 안개비 내리는 겨울철 네덜란드는 물과 하늘의 경계가 희미하다. 네덜란드 사람들의 선조는 물이 가득 찬 곳에 둑을 쌓고 물을 퍼내 땅을 만들어 집을 짓고 농사를 짓는 삶의 터전을 마련했다. 프랑스와 전쟁 중에는 둑을 무너뜨려 프랑스군을 물에 잠기게 하는 수공 작전으로 나라를 지켰다.

　　물과 가까이 사는 네덜란드 사람들은 수영을 잘한다. 초등학교 입학할 나이인 만 4세가 되면 필수적으로 수영 자격증을 딴다. 가장 높은 단계의 자격증은 옷을 입은 채로 신발을 신고 물속에 설치한 구멍을 지나 일정 거리를 헤엄쳐야 자격증을 수여한다. 수영 자격증은 언제든 발생할 수 있는 둑 붕괴나 자연재해로 인해 홍수가 났을 때 생명을 구할 수 있는 실용적인 제도이다.

네덜란드 성인의 평균 키는 세계에서 제일 크다. 외국인들은 키 큰 네덜란드 사람에게 "생명체는 환경에 맞게 진화한다Form follows function"라는 말이 있듯이 키가 크니 홍수가 났을 때 물속에 가만히 서 있어도 살 수 있는 확률이 높다고 농담을 건넨다.

불리한 환경을 극복한 불굴의 의지

둘

생존과 발전의 바탕이 된
모래 언덕

제2차 세계대전 때 영국군 철수 작전을 그린 영화 〈던커크Dunkirk〉가 네덜란드에서도 상영되었다. 네덜란드는 제2차 세계대전 발발 전 중립국임을 표방하며 독일의 침공을 피하려 했고 전쟁 중 독일에 이렇다 할 대항을 하지 못했다. 그래서 제2차 세계대전에 관한 한 내세울 것 없는 네덜란드 관객들은 영화 〈던커크〉를 보고 착잡함을 느꼈다고 한다. 영화의 배경이 된 프랑스의 덩케르크Dunkerque 해안과 해안선이 연결된 국토를 가진 네덜란드 사람들에게 덩케르크라는 도시명은 깊은 의미가 있다.

프랑스 지명인 덩케르크는 영어로 던커크라 부르고 네덜란드어로는 뒹케르켄Duinkerken이라 부른다. 뒹케르켄의 뒹Duin은 모래 언덕을, 케르켄Kerken은 교회를 의미한다. 이 모래 언덕인 뒹은 북해를 면한 네덜란드 중심부 해안가를 따라 형성되어 있다. 모래 언덕 하면 뜨거운 태양 아래 낙타 행렬이 지나가는 사막의 모래 언덕이 떠오른다. 사막의 모래 언덕은 바람에 의해 만들어졌으나 네덜란드 해변의 모래 언덕은 조류에 의해 만들어졌다. 장구한 시간에 걸쳐 남쪽에서 북쪽으로 흐르는 조류가 모래를 운반하며 해안가에 언덕을 쌓았다. 모래 언덕은 점차 높아졌고 비를 맞고 풀이 자라며 단단해졌다. 모래 언덕은 바다보다 낮은 네덜란드를 바다로부터 보호하는 거대한 자연의 둑이 되었다.

모래 언덕을 넘어 내륙으로 흩어진 모래는 배수가 쉬운 토양을 만들었다. 배수가 잘되는 토양으로 형성된 평탄한 내륙 지역에는 알뿌리를 땅에 심어 썩지 않게 보존해야 하는 튤립 재배 단지가 형성되었다. 네덜란드 성 중에는 모래 언덕 출신을 뜻하는 반 뒹Van Duin이 있으며 모래 언덕 근처에는 뒹렐Duinrell이라는 모래 언덕 놀이 공원도 있다. 모래 언덕 위에는 네덜란드의 유명한 해변 도시인 잔드보르트Zandvoort가 있다. 잔드보르트는 '연속된 모래'란 뜻으로 모래 언덕과 상통한다. 주위가 평탄한 환경에 사는 네덜란드 사람들에게 모래 언덕과 그 주변은 색다른 이미지를 준다. 내륙 지역의 골프장은 평탄하고 물과 벙커만 있어 단조롭지만 모래 언덕 위의 골프장은 언덕과 굴곡이 있어 유명한 골프장들이 모래 언덕에 자리 잡고 있다.

모래 언덕은 네덜란드에 자연 방파제를 만들고 적합한 튤립 재배 환경을 제공하여 생존과 발전의 발판이 되었다. 또한 네덜란드 사람들이 내륙에 둑을 쌓고 물을 퍼내 땅을 만들 수 있는 밑바탕이 되었다. 네덜란드 사람들의 물과의 투쟁은 치열했다. 역사와 자연은 인간에게 시련과 좌절을 주지만 이에 응전하여 극복하고 나아간다면 발전할 수 있음을 덩케르크의 철수 작전과 모래 언덕이 보여준다. 영국군이 덩케르크에서 철수한 후 전열을 정비하여 연합군과 함께 제2차 세계대전에서 승리했듯이 네덜란드도 자연이 선사한 뒹과 뒹이 만든 환경을 활용하고 적응하여 불리한 자연환경을 계속해서 헤쳐 나가길 바란다.

북해에 둑을 쌓은
불굴의 정신

　　북해 둑은 네덜란드 안쪽으로 들어온 바다를 가로질러 건설한 둑이다. 다음 페이지의 사진을 보면 왼쪽은 북해이며 오른쪽 푸르게 보이는 쪽은 둑 건설 이전 바다였던 내륙 호수다. 둑의 정식 이름은 압술라우트 다이크Afsluit dijk로 '닫는 둑'을 의미하며 둑의 규모는 길이 32km, 폭 90m, 높이 7.35m다. 압술라우트 둑은 만조나 해일 시 바닷물의 범람과 홍수를 방지하고 새로운 간척지를 확보하고 내륙 호수를 조성해 운송과 관광을 활성화시키기 위해 건설되었다. 산이 없고 연약한 지반으로 인해 돌이 없었던 네덜란드는 독일과 벨기에에서 돌을 수입하여 둑을 쌓았다. 장비가 부족해 해초를 이용하여 손으로 돌을 연결할 정도로 악조건하에서 둑을 완성했다.

　　압술라우트 둑의 건설 계획은 1891년 당시 교통부 장관이었던 코넬리스 렐리

Cornelis Lely에 의해 수립되었다. 1918년 건설 계획안이 국회를 통과했고 1920년부터 공사를 시작하여 1932년 5월 물막이 공사가 완료되었다. 둑을 건설하는 데 긍정적인 의견만 있었던 것은 아니다. 환경 문제와 생존권 보장이라는 사회적 저항에 부딪혔다. 하지만 환경친화적으로 둑을 건설하고, 아울러 담수호를 만들어 민물 어종을 확보하여 어업권을 보장하고, 소금기 없는 토양을 확보하여 농업을 활성화하고, 내륙 호수를 관광지로 만들어 생존권을 보장하겠다는 약속을 하고 저항을 헤쳐 나갔다. 호수 주변에는 물을 잘 흡수하는 수목을 심어 간척을 촉진했다. 계획대로 당국과 국민 간의 협력과 감독 아래 둑이 건설되었고 내륙 호수에는 민물 어종이 서식하고 호수 주변은 새의 보금자리가 되었다. 내륙 호수는 네덜란드 전 국민의 상수원이 되었고 호수 주변은 관광지가 되었다. 국토의 6%에 해당하는 새로 확보된 땅에 35만 명이 거주하는 새로운 주가 건설되었고 주의 가장 큰 도시 이름은 건설을 계획한 장관의 이름을 따서 렐리Lely가 되었다.

양쪽에서 쌓아온 둑이 연결되는 순간 전국에 사이렌이 울렸고 모든 차량과 배가 경적을 울리며 압술라우트 둑의 완성을 축하했다. 둑이 완성된 후 갑문과 고속도로를 완성하여 1933년 9월에 개통했다. 건설 계획을 수립하고 둑의 필요성을 국민에게 설득하여 건설을 추진한 렐리 장관은 완성을 보지 못하고 1929년 눈을 감았다. 그의 업적을 기리기 위해 1954년 렐리에 그의 동상이 건립되었고 이후 둑이 연결된 자리에 옮겨졌다.

압술라우트 둑을 성공적으로 완공할 수 있었던 요인은 네덜란드가 바다보다 낮은 땅이라는 지형적 특성, 그리고 1929년 대공황으로 발생한 유휴 노동력 활용, 마지막으로 과학적인 분석을 바탕으로 건설의 필요성과 건설에 따른 환경과 생존권 문제와 대책 방법을 솔직하게 국민에게 알려 국민의 호응을 끌어낸 것이다. 네덜란드의 다음 국책 과제는 지구온난화로 인해 지속적으로 상승하는 해수면 대책이다. 바다에 인접한 대도시 중 물에 잠길 위험이 큰 도시로 방콕, 암스테르담, 마이애미가 거론되고 있다. 최근 네덜란드 시민 단체는 정부를 상대로 지구온난화의 주범인 이산화탄소 배출을 강제하는 소송에서 승리했다. 일반 시민이 앞장서서 정부에 온난화 대책을 실행에 옮기라고 요구하는 것이다. 미래의 세대는 방콕, 암스테르담, 마이애미 중 어느 도시로 여행을 갈 수 있을지, 어느 도시가 남아 있을지 궁금하다.

연결되고 확장된
지형이 영향을 준 사고방식

　　암스테르담에는 뉴욕의 엠파이어스테이트 빌딩, 파리의 에펠탑, 그리고 서울의 남산타워처럼 도시 전체를 볼 수 있을 정도로 높은 건물이나 타워가 없다. 중앙역 근처에 정유 회사 셸의 사무실 건물을 개조하여 만든 관광용 암스테르담 타워가 있지만 암스테르담 원형 운하까지 포함된 도시 전체 윤곽을 볼 수 있을 정도로 높지 않다. 하늘에서 찍은 암스테르담 전체 사진을 보면 네덜란드의 역사와 그들의 사고방식을 생각하게 된다.

　　운하로 겹겹이 둘러싸인 암스테르담 전경은 네덜란드의 상징인 튤립의 알뿌리를 반으로 자른 단면을 연상시킨다. 튤립 알뿌리의 여러 겹의 껍질은 암스테르담을 둘러싼 여러 겹의 운하 모습과 겹친다. 암스테르담을 흐르는 암스텔 강은 외곽으로 흘러

한강처럼 암스테르담을 나누지 않는다. 암스테르담 중앙역을 둘러싼 작은 반경에서부터 큰 반경의 운하들의 모습은 마치 물결이 퍼져나가는 듯하다. 물결처럼 퍼져나간 운하는 네덜란드 전역의 운하와 강으로 연결되고 끝내 바다로 나아간다.

이처럼 연결되고 확장되는 지리와 지형이 네덜란드의 역사와 네덜란드 사람들의 사고방식에 영향을 미쳤다는 생각이 든다. 역사적으로 네덜란드는 분리보다는 연결되었고 안주하지 않고 진출했다. 독립된 네덜란드 공화국은 다른 유럽 국가들이 왕정을 무너뜨릴 때 왕국으로 거듭나며 공화국과 왕국의 장점을 취했다. 민의가 반영되는 공화국 정치 체제를 확립한 후 신생 독립국에 필요한 정체성과 국민 통합을 위해 왕이 필요했기 때문이다. 1970년대 네덜란드 축구는 전원 공격, 전원 수비라는 토탈 사커Total Soccer로 세계를 지배했다. 토탈 사커의 중심에는 펠레와 쌍벽을 이루는 요한 크루이프Johan Cruyff라는 유명 선수가 있었다. 한쪽을 버리거나 취하지 않고 스타플레이어와 팀플레이의 장점을 연결하여 토탈 사커를 완성했다. 네덜란드 사우나 또한 사람은 본능보다 이를 통제하는 이성이 더 크다는 생각으로 남녀 공용이다.

소백산맥은 남부 지역을 영호남으로, 한강은 서울을 강남과 강북으로 나눈다. 강북과 강남은 강남좌파, 집값, 대학합격률로 대표되는 정치, 경제, 교육에 있어 항상 비교되는 분리의 상징이 되었다. 유럽으로 치면 강북은 구시가지Old Town이고 강남은 신시가지다. 유럽의 구시가지는 광장, 성당, 시청이 있는 역사와 전통의 상징이고 신시가지는 젊음, 트랜드, 현대의 상징이다. 네덜란드와 달리 우리의 지역은 이미지나 역사가 아닌 자연 지형으로 인해 나뉘었다. 그러나 다른 지역과 생각을 교환하고 서로의 단점을 보완하고 문제점을 해결하면서 분리를 넘어 장점과 특색으로 연결되어 미래를 향해 발맞추어 나갔으면 한다.

시련, 도전, 영광의 역사

셋

오랜 지배를 받은
시련의 역사

암스테르담에서 40km 남쪽으로 떨어진 유트렉Utrecht 근교에는 하르 성Kasteel de Haar이라는 아름다운 성이 있다. 하르 성은 14세기 말 네덜란드의 한 명문 가문의 사저로 건설되었으며 여러 가문으로 소유권이 바뀌고 불타고 또 일부 소실되었지만 19세기 말에 마지막 증축을 하여 현재의 모습이 되었다. 함부르크, 로텐부르크, 뷔르츠부르크처럼 성을 뜻하는 부르크가 포함된 도시 이름이 많은 독일이나 성 안에 사는 사람을 뜻하는 부르주아란 말이 있는 프랑스에는 언덕이나 강을 따라 고성들이 서 있다. 하르 성은 독일이나 프랑스에 비하면 이렇다 할 성이 없는 네덜란드에서는 드문 아름다운 성이다. 물로 둘러싸여 있는 하르 성은 원래 도개교를 통해서만 들어갈 수 있었다. 성벽은 요새 형태이며 동화 속의 성처럼 신비로운 느낌을 준다. 지금은 관광뿐만 아니라 시민들의 결혼식이나 연회를 위한 장소로도 사용되고 있다.

하르 성이라는 명소가 있는 유트렉은 네덜란드가 스페인의 지배에서 벗어나기 위한 독립 전쟁을 했을 때 일곱 개 주가 참여하여 독립국 네덜란드를 만들겠다는 '통일 네덜란드 연합 선언'이 이루어졌던 곳이다. 이 선언은 네덜란드 국민들로 하여금 반드시 독립 국가를 만들겠다는 결의를 다지게 했고 독립 후 각 주가 합의하여 공화국을 수립하는 초석이 되었다. 또한 유트렉은 상호 협력하여 생산하고 판매하는 길드 체제 아래에서 수공업이 발달한 네덜란드의 경제 중심지이기도 했다. 우리에게는 유명하지 않지만 유트렉이라는 도시는 네덜란드의 독립, 정치, 그리고 경제에 있어 주요한 역할을 했던 역사성이 있는 도시다.

오래전 네덜란드에는 토착 민족인 켈트족이 살고 있었고 멀리 떨어진 로마제국의 느슨한 지배를 받았다. 이후 로마제국이 멸망했고 네덜란드는 중부 유럽을 중심으로 유럽을 다시 통일한 게르만족 일파인 프랑크족이 세운 프랑크 왕국의 지배를 받았다. 15세기 들어 오스트리아 합스부르크 왕가의 지배를 받았고 16세기에는 합스부르크 왕가의 영향력 아래 있던 스페인의 지배를 받았다. 오랜 시기에 걸쳐 외세의 지배를 받았던 네덜란드 사람들은 독립의 열망으로 독립 전쟁에서 승리한 후 1588년 네덜란드 연방공화국을 수립했다. 공화국 체제 아래 두 세기에 걸쳐 인문학과 과학을 발전시켰고 상업과 무역이 발달하는 황금기를 구가하며 강대국으로 거듭났다.

네덜란드에 부를 안겨준 황금기는 네덜란드 국민에게 튤립 투기로 대표되는 황금만능주의와 이기주의를 심어주기도 했다. 이로 인해 계층 간 위화감이 커지고 국민의 결속력은 약화되었다. 결국 1810년 다시 나폴레옹이 이끄는 프랑스의 지배를 받는 신세가 되었다. 이후 나폴레옹의 몰락과 함께 프랑스를 견제하기 위해 1815년 왕을 옹립하여 왕국이 되었다. 네덜란드는 1,600년 간 외세의 지배를 받았고 220여 년 간의 독립국 지위를 유지하고 다시 5년간 지배를 받은 후 오늘의 네덜란드왕국에 이르렀다. 우리나라는 "5천 년 역사에서 중국과의 관계가 지금과 같은 적이 없다"라고 할 만큼 부를 키웠다. 긴 역사 속에서 지금 우리가 살고 있는 시대가 우리나라의 황금기인지도 모르겠다. 우리의 황금기가 황금만능주의와 이기주의로 종말을 고하지 않고 계속되기를 바랄 뿐이다.

종교개혁에 영향을 받은
독립운동

1517년 10월 31일 독일의 가톨릭 사제이자 신학자였던 마틴 루터 Martin Luther에 의해 종교개혁이 시작되었다. 종교개혁 당시 일반 평민들의 가톨릭 신앙은 성직자들의 지배에 의한 억압되고 강요된 신앙이었다. 성직자들은 성경을 접할 수 없는 평민들에게 종교를 전달하며 자신들의 말과 가르침을 절대적으로 복종하고 권위에 도전하지 못하게 했다.

가톨릭을 국교화하여 신권과 왕권을 결탁시킨 유럽 국가의 성직자들은 자격이 되지 않는 사람들에게 성직을 매매하고 재물을 탐하고 성적으로도 문란해지며 타락해 버렸다. 위세를 내세워 평민을 오도하던 성직자들의 타락은 로마 교황청의 주도로 돈을 받고 죄를 면해준다는 면벌부를 팔기에 이르렀다. 이러한 성직자들의 타락과 면벌부 판매에 분개한 마틴 루터는 면벌부를 성경의 내용과 연결시켜 문제점 95개를 지적한 반박문을 발표했다. 이 반박문은 독일과 유럽 전역으로 퍼져나갔고 종교개혁의 불씨가 되었다.

한 사람의 외로운 외침으로 끝날 수도 있었던 반박문이 종교개혁으로 전개될 수 있었던 것은 바로 인쇄술의 발전 덕분이었다. 당시에 개발된 활판 인쇄술로 인쇄된 반박문은 독일을 거쳐 유럽 전역으로 배포되었다. 종교개혁에서 획기적인 역할을 한 활판 인쇄술은 대중에게 정보를 전파하고 공유할 수 있게 하는 지금의 인터넷에 버금가는 중세의 정보화였다. 루터가 싹을 틔운 종교개혁은 같은 시대를 살았던 스위스의 츠빙글리Huldrych Zwingli에 의해 대중이 이해할 수 있도록 인문학적으로 전개되었다. 그리고 이들보다 한 세대 늦게 프랑스에서 태어나 스위스에서 활동한 칼뱅Jean Calvin에 의해 성경과 신앙이 논리적이고 체계적으로 정립되며 결실을 거두었다. 종교개혁이 독일과 스위스에서 시작되고 전개되었음에도 네덜란드는 칼뱅의 영향을 받은 종교개혁 중심 국가로 인식되고 있다.

칼뱅이 체계화한 종교개혁은 스페인의 억압 식민 통치에서 벗어나고자 하는 네덜란드 독립운동의 기반이 되었다. 당시 스페인은 유럽의 가톨릭 선봉 국가였고 스페인으로부터의 독립은 스페인에 의해 강요된 신앙의 독립과 같은 의미였다. 독립운동은 종교개혁의 영향을 받았고 종교개혁의 연장선에 있었다. 나라와 정신의 독립을 쟁취한 네덜란드는 유럽 각국의 선각자들이 모여 새로운 생각을 발표하고 토론하는 사고의 실리콘밸리가 되었다. 이는 과학과 상업의 발전으로 이어졌고 네덜란드 황금기를 열었다.

종교개혁은 인쇄술이라는 정보화가 뒷받침되어 이루어졌다. 500년이 지난 현재는 인쇄술을 넘어 인터넷 세상이 되었다. 종교개혁 1000주년이 되면 지금의 인터넷은 종교와 문명 발전에 어떤 역할을 할지 궁금하다. 아울러 종교개혁은 네덜란드와 미국을 거쳐 전파된 한국 개신교 안의 일부 종교인의 호화 생활과 세습 문제를 되새겨 보게 만든다.

네덜란드 황금기를 보여주는
국립박물관

네덜란드 국립박물관 건물은 파리 노트르담 대성당처럼 높고 뾰족한 첨탑이 있는 고딕 양식과 피렌체의 두오모 성당과 같이 붉은색 둥근 돔이 있는 르네상스 양식이 합쳐진 형태다. 국립박물관은 네덜란드가 프랑스의 지배 아래에 있던 1798년 네덜란드 왕에 추대되었던 나폴레옹의 동생 루이 보나파르트에 의해 건립되었다. 혼합된 양식의 건물 형태는 네덜란드가 얼마나 다양한 문화를 받아들였고 자신들의 방식으로 발전시켰는가를 보여주고 있다. 그리고 프랑스의 지배 아래에서 건립된 박물관을 그대로 유지하는 것은 네덜란드의 실용주의를 보여준다.

네덜란드 국립박물관은 4층으로 이루어져 있다. 가장 중요한 3층은 네덜란드의 황금기였던 17세기 유물을 전시하며 3층 중 한가운데 통로에 명예의 홀Gallery of Honor

이라 하여 네덜란드가 자랑하는 유물과 미술품을 전시하고 있다. 명예의 홀을 지나면 정면에 네덜란드 국립박물관의 상징인 렘브란트Rembrandt의 〈야경Night Watch〉이 걸려 있다. 최고의 전시물을 향해 관람객이 다가가는 전시 동선이다.

프랑스 루브르 박물관의 상징적인 전시물은 〈모나리자Mona Lisa〉이고 영국 대영박물관의 상징적인 전시물은 로제타스톤이다. 〈모나리자〉는 이탈리아의 르네상스를 대표하는 화가 레오나르도 다 빈치Leonardo da Vinci의 대표작이고 로제타스톤은 이집트 문자와 그리스문자로 구성된 비석으로 이집트 문화와 상형문자 해독을 위한 귀중한 유물이다. 〈모나리자〉는 이탈리아에서 반환을 요구하고 있고 로제타스톤은 이집트에서 반환을 요구하고 있다. 이처럼 프랑스 루브르 박물관과 영국 대영박물관의 대표적인 전시물은 다른 나라에서 온 것이다. 유물과 미술품은 그 나라의 역사와 정체성을 보여주기 때문에 국립박물관에 전시되는 것이다. 아무런 관계가 없는 다른 나라의 유물을 자국 박물관에 전시하는 것은 원래 소유국의 자존심과 정체성을 훼손하는 것이다. 네덜란드는 다른 나라에서 약탈했거나 개인에게서 강제로 뺏은 유물을 돌려주는 국제적인 합의에 동참하고 있다.

프랑스 군대가 약탈해간 우리의 외규장각도서는 임대 형식으로 돌아왔고 일제가 탈취해간 조선왕조실록은 기증 형식으로 돌아왔다. 반환은 불법이었음을 자인하는 것이기 때문에 반환이라는 단어를 쓰지 않는 것이다. 우리나라 국립박물관에 돌아온 문화재를 전시하는 공간을 따로 만들어 문화재를 잃은 이유와 돌아온 절차를 알렸으면 한다. 아울러 돌아오지 못하고 있는 수많은 문화재도 별도 공간을 만들어 소재지를 밝혀 반드시 반환되어야 함을 후대에 알리고 반환을 위한 노력을 지속해야 하겠다.

235

벨기에와 애증의 역사

세계의 어느 곳이든 이웃한 나라와는 사이가 좋지 않은 경우가 많다. 오밀조밀 붙어 있는 유럽의 나라들 또한 마찬가지다. 네덜란드와 벨기에는 원래 한 나라였다. 스페인과의 독립 전쟁이 끝난 1648년 이후 북부 네덜란드왕국의 절대 통치에 남부 벨기에가 반발했고 네덜란드의 개신교와 벨기에의 가톨릭 간의 종교적 대립으로 두 지역은 분열되고 내전을 겪게 된다. 결국 1839년 주위 강대국의 결정으로 벨기에가 네덜란드로부터 독립함으로써 두 나라로 분리된다. 지금의 유럽이 수많은 전쟁의 역사를 거치며 과거의 잘못을 인정하고 통합의 방향으로 나아가는 것과 같이 네덜란드와 벨기에도 과거의 역사를 깨끗이 정리하고 화합하여 돈독한 관계를 유지하고 있다. 이러한 역사적 배경으로 인해 두 나라의 국민은 애증과 함께 경쟁심을 갖고 있다.

: 불리한 환경,
  도전의 역사

그들의 경쟁심은 상대방에게 적개심을 품거나 비난하기보다 상대방을 유머로 표현하여 자신들의 우월성을 나타낸다. 벨기에 사람들도 유럽의 다른 나라 사람들이 네덜란드 사람들을 칭하듯이 네덜란드 사람들은 치즈만 먹어서 머리에 치즈가 꽉 차있다는 뜻인 '치즈 헤드'라고 부른다. 치즈 헤드의 유래는 스페인과의 독립 전쟁 때 네덜란드 사람들이 치즈를 만드는 쇠로 만든 둥그런 모양의 그릇을 철모용으로 머리에 쓴 것에서 비롯되었다. 이후 치즈가 머리에 꽉 차 있다는 뜻으로 바뀌었고 구멍이 숭숭 뚫린 치즈처럼 머리에 구멍이 난 멍청이라는 의미도 포함되었다. 그러나 치즈 헤드의 대표적인 의미는 치즈만 먹는 짠돌이라는 뜻이다. 즉, 벨기에 사람들은 네덜란드 사람들이 돈을 쓰지 않는 구두쇠라고 놀리며 자기들은 쓸 때는 쓰는 통이 큰 사람들이라고 우월감을 나타내는 것이다.

한편 네덜란드 사람들은 벨기에 사람들이 우둔하다고 말하며 자신들이 똑똑한 형님임을 주장한다. 네덜란드 사람들이 벨기에 사람들의 우둔함을 표현하는 다음과 같은 우스갯소리가 있다. 예전에 벨기에의 도로 방향은 영국과 같이 좌측통행이었다(지어낸 것으로 실제는 우측통행이었다). 따라서 벨기에 사람들이나 우측통행을 하는 이웃 국가 사람들이 국경을 지날 때마다 차선을 바꿔야 하는 불편을 겪었다. 그래서 벨기에 장관들이 검토한 후 우측통행으로 바꾸는 것을 결정하고 수상이 국민에게 다음과 같이 발표했다. "국민 여러분 0일 0시부터 우측통행으로 바꾸겠습니다. 그러나 모든 정책이 그렇듯이 한 번에 바꾸면 위험성이 있고 미처 예상하지 못한 문제점도 파악하기 위해 순차적으로 바꾸겠습니다. 우선 트럭만 바꿔보고 문제가 없으면 버스, 승용차 순으로 바꾸겠습니다."

짭짤한 치즈 같은 네덜란드 짠돌이와 단것을 먹으면 머리가 나빠진다는 말처럼 설탕을 듬뿍 바른 단 와플을 즐기는 벨기에 멍청이 간의 유머를 통한 경쟁은 오늘도 계속되고 있다. 우리나라와 이웃한 중국과 일본에 대한 유머는 좀처럼 생각나지 않는다. 우리에게 일본 사람들은 왜놈이고 쪽발이며 중국 사람들은 되놈이고 짱깨다. 덩치가 큰 두 이웃이 계속 못 살게 하니 해학이 넘쳤던 우리 조상들도 두 나라 사람들을 유머로 표현할 여유가 없었겠구나 싶다. 마찬가지로 일본 사람들은 우리를 죠센징이라 부르고 중국 사람들은 고려촌뜨기를 뜻하는 까오리빵즈라고 부른다. 일본과 중국이 잘못된 역사를 반성하고 영토 야욕을 버림으로써 삼국 간 신뢰를 구축하여 서로 상대국가 국민들을 비난하거나 비하하지 않고 서로 웃을 수 있는 재미있는 유머로 표현하는 날이 오기를 기대한다.

: 불리한 환경,
 도전의 역사

무용지물이 된
방어선과 요새

네덜란드에는 암스테르담을 둘러싼 방어선과 요새가 있다. 암스테르담 중심에서 반경 10~20km 정도 떨어진 이 타원형 방어선은 135km에 이른다. 방어선은 물길을 따라 만들어져 워터 라인Water Line이라 불리며 워터 라인을 따라 일정 간격으로 42개의 방어 요새가 있다. 방어 요새는 무기를 장착하고 전투를 치르기 위해 견고하게 지었기에 불후의 요새라고도 불린다. 워터 라인은 적이 침공할 경우 둑을 터서 적을 수몰시키는 전략에 따라 구축되었다. 방어 요새는 둑을 터도 물에 잠기지 않는 지역의 둑 위에 지어졌다. 둑을 텄을 때 물을 피해 살아남은 적을 섬멸하기 위함이다. 현재 워터 라인에 남아 있는 요새는 카페, 식당, 박물관, 화랑, 그리고 창고로 활용되고 있다.

19세기 말 유럽은 영국과 프랑스 두 강대국과 이에 맞서는 신흥국 독일이 패권을 다투는 각축장이었다. 이들 강대국에게 침략의 위협을 느낀 네덜란드는 국가 방위를 위해 방어선 건설을 구상했다. 적의 침공 시 궁극적으로 암스테르담을 사수하여 국권을 지키겠다는 계획으로 암스테르담을 둘러싼 방어선과 요새를 구축한 것이다. 워터 라인과 방어 요새는 1920년까지 총 30년간에 걸쳐 국가의 총력을 기울여 건설되었다. 네덜란드는 침공하는 적을 수장시켜 위기를 극복한 두 차례의 수공 작전 역사를 갖고 있다. 1574년 스페인과 독립 전쟁 때 스페인군에게 포위된 독립군은 둑을 터 포위망에서 벗어났다. 그리고 1672년 프랑스군 침공 때도 둑을 터 암스테르담 함락 위기를 모면했다.

프랑스에는 제2차 세계대전 발발 전 독일의 침공에 대비하여 구축한 방어선이 있다. 마지노 라인Maginot Line이라 불리는 이 방어선의 길이는 북부 벨기에 국경부터 남부 이탈리아 국경까지 총 750km에 이른다. 마지노 라인 구간 중 독일과 맞닿은 평야지대에는 대포로 중무장하고 군인들이 기거할 수 있는 견고한 지하 요새가 일정 간격으로 있다. 프랑스는 제1차 세계 대전 당시 독일과의 전쟁으로 프랑스 젊은이의 20%가 희생되고 55만 명의 사상자를 내는 커다란 피해를 겪었다. 제1차 세계대전의 전투 양상은 주로 참호전이었다. 군인들은 참호에서 적의 포탄을 맞거나 열악한 참호 환경을 버티지 못하고 희생되었다. 프랑스는 참호전에서의 막대한 희생을 토대로 독일 주력군의 예상 침공로에 강력한 방어 요새를 구축하게 된 것이다.

네덜란드의 워터 라인과 프랑스의 마지노 라인은 국가 존립을 위해 장기간 막대한 재정과 인력을 투입해 총력을 기울여 건설한 방어선이다. 그러나 네덜란드의 워터 라인이 완성된 후 전쟁의 침공 양상이 바뀌었다. 전투 비행기와 사정거리가 긴 포로

공격하는 것이었다. 결국 보병의 침공에 대비하여 구축한 워터 라인과 요새는 무용지
물이 되었고 프랑스의 요새 또한 탱크를 앞세워 벨기에 산악 지역으로 우회하여 침공
하는 독일군을 방어하지 못했다. 산악 지역 주행이 가능한 전차를 개발한 독일 기계
화 부대의 기동력을 예측하지 못했기 때문이다. 네덜란드는 성공한 역사를, 프랑스는
실패한 역사를 토대로 미래를 대비했다. 두 나라 모두 과거의 역사를 되새기고 대비
했지만 미래의 변화를 예측하는 데는 둔감했다. 워터 라인과 마지노 라인 두 개의 방
어선은 국가의 생존과 발전 전략에 큰 교훈을 준다. 과거의 역사를 잊어서도 안 되지
만 미래의 변화를 예측하는 혜안의 중요함을 일깨워주고 있다.

지금의 네덜란드를 만든 역사

넷

마녀사냥을 방지한
마녀 재판소

중세 시대 유럽에서는 많은 여성들이 마녀라는 누명을 쓰고 목숨을 잃었다. 흉년이 들거나 전염병이 돌아 민심이 흉흉해지면 민심을 진정시키고 화풀이를 하기 위한 희생양이 필요했다. 이 희생양으로 여성이 선택되었고 많은 여성들이 마녀로 몰려 처형되었다. 약한 여자에게 행한 중세 유럽의 마녀사냥은 남편이 아내에게 저지른 끔찍한 범죄이기도 했다. 가톨릭의 영향으로 중세에는 이혼이 허락되지 않았고 다른 여자와 눈이 맞은 남편은 부인을 마녀로 몰았다. 사회적으로 뛰어난 활동을 하거나 업적을 남긴 여성들도 질시의 대상이 되어 마녀로 몰렸다. 영국과의 100년 전쟁에서 프랑스를 승리로 이끈 잔 다르크Jeanne d'Arc 또한 마녀로 몰려 희생되었다. 물에 빠뜨려서 떠오르면 마녀, 떠오르지 않으면 사람, 몸에 달군 인을 지져서 나으면 마녀고 낮지 않으면 사람이라고 판단했다. 결국 마녀로 몰려 죽든 고문 때문에 죽든 한 번 마녀로 의심받으면 죽음밖에 없었다.

중세 유럽에는 마을마다 물건을 교환하거나 곡물을 거래하기 위해 무게를 측정하는 장소가 있었다. 이무게 측정소가 마녀인지 아닌지를 판별하는 마녀 재판소 역할을 했다. 사람들은 마녀가 빗자루를 타고 날아다니기 때문에 몸무게가 가볍다고 믿었고 마녀로 지목받은 사람의 몸무게를 재면 마녀인지 아닌지 알 수 있다는 것이었다. 몸무게가 적정 수준보다 적게 나가면 마녀로 확정하여 처형했다. 일단 마녀로 지목하고 무게 측정소의 검사관에게 뒷돈을 주거나 압력을 가해 몸무게를 적게 측정하여 마녀로 몰았다.

암스테르담에서 남쪽으로 50km 떨어진 소도시 오우바테르Oudewater에 중세부터 있었던 마녀 재판소가 아직 남아 있다. 오우바테르의 마녀 재판소는 당시의 다른 마녀 재판소와는 달랐다. 몸무게를 투명하고 정상적으로 측정하여 마녀로 지목된 사람 중 단 한 사람도 마녀로 판명받지 않았다. 아울러 일반인에게도 몸무게를 잰 후 마녀나 마법사가 아니라는 증명서를 발급해주었다. 이런 오우바테르 마녀 재판소의 투명성은

유럽에 널리 알려졌고 혹시 마녀로 지목되어 목숨을 잃을 것을 두려워한 다른 지역 사람들이 이곳에서 몸무게를 재고 마녀가 아니라는 증명서를 받았다.

이 끔찍한 마녀사냥은 중세에서 끝나지 않았다. 근대에 와서도 정당성이 없는 정권에서 책임을 전가하고 국민의 마음을 얻기 위해 마녀사냥을 부추겼다. 독일의 나치 정권은 세계 대공황과 제1차 세계대전 전쟁배상금 마련 때문에 힘든 국민의 불만을 해소하기 위해 유대인을 희생양으로 삼았다. 마녀사냥으로 대표되는 유럽의 어두운 역사는 많은 이들에게 교훈을 준다. 그러나 아직도 세계 곳곳에서 증오, 시기, 선입관, 편견, 그리고 전통이라는 미명하에 무고한 사람들이 희생되고 있다. 아시아와 유럽의 일부 국가에서는 전통을 어겼음을 벌하고 명예를 지킨다는 이유로 명예 살인이 행해지고, 미국에서는 백인 경찰이 흑인에게 총을 쏘고 다시 흑인이 백인 경찰을 사살했다. 흑인에 대한 선입관과 법의 심판이 아닌 사적 보복이 흑백 대결로 번질 우려를 낳고 있다. 프랑스에서는 운전자가 트럭을 돌진시켜 무고한 사람들의 목숨을 앗아갔다. 대중이 개인에게 가했던 마녀사냥이 이제 개인이 대중에게 행하는 것으로 변하고 있다. 중세 사람들은 오우바테르 마녀 재판소에서 자신의 몸무게를 재고 마녀가 아니라는 증명서를 받아야 했다. 다시 이 증명서가 필요한 역사가 반복되지 않기를 바랄 뿐이다.

명분보다 실용을 중시한
건축물 보전

네덜란드 중심부에는 하우다Gouda라는 도시가 있다. 작은 도시지만 이곳은 네덜란드 교통의 요충지였다. 하우다를 중심으로 북쪽 암스테르담, 서쪽 로테르담, 그리고 남쪽 벨기에를 향해 배가 다니는 물길이 연결되었다. 하우다에서 생산되는 네덜란드 대표 치즈 하우다(고다 치즈)가 수로를 통해 네덜란드와 주변 국가로 운송되었고 주변국에서 생산되는 제품들도 하우다를 거쳐 네덜란드 전역으로 운송되었다. 하우다는 물품을 거래하고 운송하는 상업의 중심지이자 하우다 치즈를 비롯해 스트룹 와플과 양초를 만들었던 생산의 중심지였다. 원활한 운송을 위해 수로를 건설하고 갑문을 설치하는 등 수리 공학의 초석이 시작된 도시이기도 하다.

이런 상공업 중심 도시답게 하우다 중앙 광장 가운데에는 네덜란드의 대표적인 건축물인 아름답고 기품 있는 옛 시청 건물이 있다. 네덜란드는 외형이나 형식에서 탈피하는 신교 중심지였기 때문에 가톨릭을 믿었던 나라에 비하면 웅장하거나 아름다운 건축물과 조형물이 상대적으로 드물다. 하우다의 옛 시청 건물 또한 가톨릭 국가의 성당이나 건물처럼 웅장하지는 않지만 투박한 아름다움과 멋스러운 기품을 가진 건축물 중 하나다. 지금은 단순히 관광지에 그치지 않고 시민을 위한 연회나 모임 장소로 활용되고 있다.

유럽의 역사 깊고 전통 있는 도시에는 도시 중앙에 광장이 있다. 스페인 마드리드에는 솔 광장이, 프랑스 파리에는 콩코르드 광장이, 크로아티아 자그레브에는 옐라치치 광장이 있다. 보통 광장 중심에는 화려한 분수나 역사적인 인물의 동상이 있고 시청을 포함한 옛 건물들이 광장을 둘러싸고 있다. 그러나 하우다는 다른 도시와 달리 광장 중앙에 옛 시청 건물이 자리 잡고 있다. 옛날 네덜란드에서는 주로 나무로 집을 지었고 지붕은 짚으로 덮었다. 도시에 촘촘히 지은 나무 집은 화재에 취약해서 한 번 불이 나면 도시 전체로 쉽게 번졌다. 처음에 건설한 하우다 시청 건물 또한 광장 주변의 다른 건물과 붙어 있었으나 17세기 하우다 전체를 뒤덮은 화재로 소실되었다. 이후 하우다를 재건하면서 도시를 관리하는 제일 중요한 기관인 시청만큼은 다른 곳에서 화재가 나더라도 쉽게 불이 옮겨 붙지 않도록 주변에서 떨어진 광장 중앙에 다시 지은 것이다. 하우다는 물길을 다스리며 상업적, 문화적 발전을 이루었고 불로 인해 큰 피해를 입었다. 이후 불에 대비하며 물에도 불에도 피해 입지 않는 안전한 도시가 되었다.

우리의 문화재와 국보 또한 나무를 이용해 만든 것들이 많다. 안타깝게도 2008년에는 국보 1호인 숭례문이 방화로 불타고 말았다. 한 사람의 범죄자가 저지른 일이지

만 대비가 전혀 되지 않았기에 그 피해와 충격이 컸다. 수년간의 공사 끝에 복원되었지만 그 복원 과정과 결과에 대해서는 아직도 의견이 분분하다. 하우다 옛 시청 건물은 원래 장소에 다시 지어야 한다는 명분에 앞서 근본적인 재해 대비를 위해 장소를 옮겨 복원되었다. 우리의 문화재 중에는 팔만대장경을 포함하여 후세에 물려주어야 할 인류 문화재가 많다. 이러한 귀중한 문화재가 화재나 자연재해로부터 안전하도록, 제2의 숭례문 화재가 발생하지 않도록 만반의 대비가 필요하다.

풍차를 되새기는
풍차의 날

네덜란드에서 5월 두 번째 토요일과 일요일은 풍차의 날National Mill Day
이다. 풍차의 날에는 네덜란드 전국에 남아 있는 천여 개의 풍차 중 950개가 일반인
에게 개방된다. 풍차의 날이 되면 국민과 관광객들은 풍차를 돌아보며 풍차의 원리와
역사적 의미를 되새긴다. 네덜란드는 1200년경 처음으로 풍차를 만들었다. 날개와
몸체가 일체형이었던 원시적인 형태의 풍차는 발전을 거듭했고 1526년에는 상하부
가 분리된 풍차가 등장한다. 바람이 불어오는 방향에 풍차 날개를 맞춰 바람을 최대
한 이용하여 날개 달린 상부가 돌아가는 풍차를 만든 것이다.

네덜란드는 풍차를 이용하여 많은 제품을 생산하며 황금기를 만들었고 물을 퍼내
는 간척 사업이 활발했던 16, 17세기에 걸쳐 더 많은 풍차가 만들어졌다. 1850년경

풍차가 가장 많았을 때는 무려 9,000여 개가 있었다고 한다. 네덜란드에서 가장 유명한 풍차는 암스테르담 북서쪽 잔세스칸스Zaanse Schans에 위치한 일명 풍차 마을의 풍차와 로테르담에서 가까운 킨더다이크Kinder Dijk에 위치한 둑에 일렬로 서 있는 풍차다.

잔세스칸스에는 나무를 자르는 제재소 풍차, 곡식을 빻는 제분소 풍차, 종이 원료를 만드는 풍차, 염료를 빻는 풍차 등 하나의 공장 역할을 하는 900여 개의 풍차가 있었다. 이에 반해 킨더다이크 풍차는 둑이 무너져 물이 범람할 경우 물을 퍼내기 위해 지어졌다. 1421년 11월 18일 폭풍우로 인해 둑이 무너져 수천 명이 목숨을 잃었고 요람에 실려 떠내려가는 여자 아기가 목격되었다. 그 후 아기가 발견된 장소에 둑을 쌓고 지역 이름을 아이의 둑이라는 의미로 'Kinder Dijk'라 지었다. 이처럼 풍차 마을의 풍차가 산업용이라면 킨더다이크의 풍차는 물로부터 나라를 지키는 초소를 연상시키는 국방용이다.

네덜란드 사람들은 풍차를 만들면서 바람과 물을 다루는 법을 공부하고 연구했다. 이를 통해 바람과 물을 다루는 과학자와 나무, 동력 전달, 소재를 다루는 기술자가 양성되었다. 풍차를 연구하며 축적된 과학과 기술은 배를 만드는 데도 적용되어 우수한 범선을 만들어 해상권을 장악하는 밑거름이 되었다. 물과 바람이 있는 한 배를 타고 세계 어느 곳이든 자신 있게 진출했던 것이다. 네덜란드 풍차는 불리함을 극복하겠다는 의지와 실행하겠다는 도전 정신을 나타내는 상징이다. 그리고 이를 뒷받침하는 과학적 사고가 불리함을 극복하는 차원을 넘어 네덜란드가 세계 역사에 자취를 남긴 강국이 된 요인임을 보여준다.

우리나라와 네덜란드

다섯

네덜란드 출신의
조선인

박연의 고향 드 레이프De Rijp는 암스테르담에서 북쪽으로 40km 떨어진 곳에 있다. 드 레이프는 네덜란드에서도 손꼽히는 아름다운 소도시다. 17세기 황금기에는 청어와 고래를 잡던 어업과 치즈 산업이 번성하여 부유했던 도시였다. 도시 중심에는 조그만 광장이 있고 광장 주위에 시청, 교회, 식당, 그리고 상점이 있다. 운하를 따라 나무로 지은 집이 줄지어 서 있고 경사가 있는 운하 구간은 배가 다닐 수 있도록 계단식으로 되어 있다. 드 레이프의 골목길과 운하를 거닐다 보면 17세기 네덜란드에 온 듯 아담한 도시의 운치가 느껴진다.

드 레이프 인근에는 호수의 물을 퍼내어서 만든 세계 최초의 인공 둑이 있다. 이 둑을 시작으로 네덜란드 전역에 둑이 건설되었다. 둑을 설계하고 물을 퍼내는 기술을 고안한 수리공학자이자 네덜란드 사람들이 존경하는 리그와터Leegwater와 17세기 중반 시 전체를 뒤덮은 화재 이후 물을 뿌리는 펌프를 비롯한 소방 기구와 소방 교본을 만든 헤이든도 드 레이프 출신이다. 이처럼 드 레이프는 산업, 과학, 그리고 기술을 발전시켜 네덜란드의 황금기를 이끈 도시 중 한 곳이었다.

드 레이프에서 태어나고 자란 얀 얀슨 벨테브레이Jan Jansㅍ Weltvree는 1627년 31세의 나이에 먼 항해에 나서며 고향을 떠난다. 역동적이고 진취적인 드 레이프의 분위기 속에서 돈을 벌어 성공하겠다는 꿈을 키운 벨테브레이는 동인도회사 소속 배의 간부가 되어 아시아로 향하는 배를 탄다. 그러나 벨테브레이는 항해 1년 4개월 후 폭풍을 만나 뜻하지 않게 제주에 도착한다. 포를 다룰 줄 알았고 전투 경험이 있었던 벨테브레이는 당시 군사력 강화가 필요한 조선에 도움이 되는 인물이었다. 벨테브레이는 고국으로 귀환할 수 없자 네덜란드 이름을 따 박연이라고 이름을 바꾸고 조선에 귀화해 조선 여인과 결혼하여 1남 1녀를 두었다.

벨테브레이가 조선에 온 지 26년 만에 역시 표류해온 네덜란드 동포 하멜Hendrik Hamel을 만나게 된다. 이역만리에서 동포를 만났다는 기쁨과 아울러 고향에 두고 온 아내와 어린 딸 생각으로 안타까움이 교차했을 것이다. 벨테브레이가 드 레이프를 떠나기 전날 아내와 어린 딸과 함께 환송 식사를 했을지도 모를 드 레이프 광장에 있는 레스토랑에 들러 벨테브레이의 인생 행로를 생각해보았다. 과거나 현재나 인생은 뜻하지 않게 흘러가지만 그 나름의 의미를 가지고 있다. 어쩌면 그가 네덜란드와 우리나라를 좀 더 가깝게 만들었을지도 모른다는 생각이 드니 그처럼 한국과 네덜란드를 좀 더 가깝게 만들고 싶다는 바람을 가져본다.

유럽 도자기의 원조
델프트 도자기

델프트Delft는 네덜란드 도시 이름으로 델프트 도자기가 유래한 곳이다. 델프트 도자기는 백색 바탕에 청색으로 무늬를 넣은 델프트 블루가 가장 대표적이다. 실용적인 식기로 사용될 뿐만 아니라 백색 바탕에 손으로 직접 청색 무늬를 그려 넣어 백색과 청색이 조화를 이룬 공예품이자 장식용으로도 사용된다. 델프트 도자기는 한때 유럽 최고의 도자기라는 명성을 얻었고 영국의 웨지우드, 로열 알버트, 포트메리온과 독일의 마이센, 빌레로이 앤 보흐, 덴마크의 로열 코펜하겐과 같은 도자기에도 영향을 미쳤다.

델프트는 네덜란드가 동양과의 무역을 주도하던 시절, 중국에서 수입한 도자기를 전 유럽에 판매하는 도자기 유통의 중심지였다. 중국에서 발생한 내전으로 도자기 수입이 어렵게 되자 중국 대신 일본에 디자인과 표본을 보내 주문 생산 방식으로 일본 도자기를 수입하게 된다. 이런 주문 생산 덕분에 일본의 도자기 제조 기술이 향상되었고 일본의 도자기 기술이 유럽에 전해졌다. 점차 유럽의 도자기 수요가 증가하고 먼 아시아에서 수입하는 데 따른 비용이 증가하자 네덜란드 상인들은 도자기를 직접 만들게 되었다. 유통 중심지였던 델프트와 인근 지역에서 도자기를 생산하면서 델프트 도자기가 탄생하게 된 것이다.

네덜란드는 도자기를 통해 수입 판매, 주문자 OEM 생산, 그리고 독자 브랜드로 자체 생산이라는 전형적인 국제 비즈니스를 이미 16세기에 시작했다. 독자 생산 이후 중국 도자기를 모방하는 단계를 넘어 독창적이고 정교한 델프트 도자기 생산을 위해 신소재로 금형을 개발하고 기술을 발전시켰다. 델프트 도자기의 영향을 받은 영국의 도공들은 영국에서 도자기 생산 원료인 고령토를 확보하기 어렵게 되자 고령토 대신 소뼈 가루를 섞어 도자기를 만들었고 이를 뼈로 만든 도자기란 의미로 본차이나Bone China라고 불렀다. 차이나라는 국가 이름이 도자기란 의미의 보통명사가 되었고 도자기 원료인 중국의 고령에서 나는 고령토가 영어로도 고령의 중국 발음인 카올린Kaolin으로 부를 정도로 중국 도자기는 유명했다.

과거의 중국 도자기는 오늘날 중국 사람들이 유럽 백화점에서 줄서서 사는 명품 가방처럼 유럽 사람들이 갖고 싶어 했던 명품이었다. 그러나 지금 생산되는 중국 도자기는 단지 도자기를 뜻하는 차이나라는 이름만 남긴 채 저급품으로 전락했다. 고려청자와 조선백자로 이어지는 한국의 도자기 기술은 임진왜란을 거치며 일본에 전수되었다. 그렇기에 일본 도자기의 영향을 받아 제조된 델프트 도자기에는 우리 조상들의 숨결이 배어 있다. 그러나 네덜란드 사람들은 아무도 이를 알지 못한다. 찬란한 문

화를 가졌던 고려 시대의 명품이었던 고려청자는 잊혔지만 네덜란드 사람들이 델프
트 도자기 찻잔으로 마시는 인삼차는 한국의 고려인삼으로 만들어진다. 고려인삼은
세계적인 명품의 지위를 계속 유지하기를 바란다.

: 불리한 환경,
   도전의 역사

이준 열사가 묵었던
이준 기념관

　　2015년 8월 15일 네덜란드 헤이그에서 대한민국 광복 70주년 기념행사가 있었다. 행사를 마치고 이준 열사가 묵었던 호텔을 개조한 이준 기념관으로 향했다. 이준 열사는 1907년 지금의 UN격인 헤이그 만국평화회의에 참석하기 위해 서울을 떠나 헤이그로 향했다. 꺼져가는 대한제국의 운명을 살리기 위해 전 세계에 호소하러 먼 길을 떠난 것이다. 4월 21일 서울에서 출발하여 부산에서 배로 러시아 블라디보스토크에 도착한 후 시베리아 횡단철도에 몸을 실었다. 상트페테르부르크에서 베를린과 브뤼셀을 거쳐 6월 25일 헤이그에 도착했다. 서울을 떠난 지 65일 만이었고 이미 만국평화회의가 개최된 지 10일이 지난 후였다.

　　65일에 걸친 오랜 여정과 낯선 나라를 거쳐야 했던 초행길의 어려움으로 심신은 지칠 대로 지친 상태였다. 러시아와 유럽으로 이주한 동포가 극히 드물던 시절이라 동포들의 도움조차 받을 수 없었다. 여비도 부족했고 삭막한 시베리아를 횡단하며 따뜻한 국과 밥이 그리웠을 것이다. 회의장 인근 호텔에 여장을 풀고 몸과 마음을 추슬러 회의장에 도착했으나 일본의 방해와 일본 편에 선 열강들의 냉대로 회의장에 들어갈 수조차 없었다. 천신만고 끝에 네덜란드 만국평화회의장까지 왔지만 조국을 위해 아무것도 할 수 없다는 허탈감과 무력감은 그의 지친 심신을 더욱 힘들게 했다. 분을 삭이지 못하고 애를 끓이던 이준 열사는 7월 14일 49세를 일기로 묵었던 호텔에서 생을 마감했다.

그로부터 40여 년이 지난 1948년 6월 21일 런던 올림픽에 참가하기 위해 67명의 선수단이 서울에서 출발했다. 올림픽에 참가하여 전 세계에 독립국 한국을 알리고자 하는 국민의 열망과 국민이 모아준 성금 덕분에 올림픽에 참가할 수 있었다. 부산에서 배로 일본 후쿠오카에 도착한 후 기차로 요코하마로 이동했다. 요코하마에서 배로 중국 상하이로 간 후 다시 홍콩행 배를 탔다. 홍콩에서 비행기를 타고 태국 방콕, 인도 콜카타와 뭄바이, 이라크 바그다드, 이집트 카이로, 이탈리아 로마, 네덜란드 암스테르담을 거쳐 7월 11일 런던에 도착했다. 무려 아홉 개 나라, 열두 개 도시를 거쳐 21일 만에 도착한 것이다. 장시간 이동으로 지친 선수들은 심기일전하여 동메달 두 개를 획득했고 59개 참가국 중 32위를 했다.

지금의 헤이그는 만국평화회의가 열렸던 도시답게 국제사법재판소, 국제형사재판소, 그리고 유고전범재판소가 있다. 국제형사재판소와 유고전범재판소에는 한국 재판관이 파견되어 중추적인 역할을 하고 있다. 한 세기 전 평화를 해치려는 나라를 제재해달라고 호소했던 약소국이 같은 장소에서 평화를 지켜달라는 호소를 들어주는 역할을 하고 있는 것이다. 2012년 런던 올림픽에 전세기를 타고 온 한국 선수단은 최상의 몸 상태를 유지하며 총 204개 참가국 중 5위를 했다. 1975년 한국의 민항기는 알래스카 앵커리지를 거쳐 북극 상공을 비행하는 항로를 따라 처음 유럽에 취항했다. 경제와 외교 역량이 커지면서 러시아 캄차카 반도를 지나 시베리아 상공으로 날다가 1996년부터 중국 상공을 지나는 최단 거리로 비행하고 있다. 유럽에 가는 소요 시간이 한 세기에 걸쳐 65일, 21일, 17시간, 그리고 11시간으로 단축된 것이다. 마치 고난의 시기를 거치며 격동의 세월을 숨 가쁘게 달려온 대한민국을 상징하는 듯하다. 잠시 숨을 고르면서 광복의 의미를 되새기고 진영, 지역, 그리고 계층 간 갈등과 간격을 하나씩 줄여나가기를 바란다.

Part 5

독창적 문화와
일상의 행복

네덜란드는 독특한 문화를 가지고 있다. 작은 나라지만 더치페이처럼 세계에 널리 퍼진 문화도 있다. 네덜란드 사람들만의 독특한 일상과 문화, 그리고 그들이 즐겨 먹는 음식을 통해 네덜란드 행복한 일면을 살펴보자.

전통문화와 연례행사

하나

국왕 생일과
상업 정신

네덜란드의 왕의 날은 지금 국왕의 증조 외할머니인 빌헬미나 여왕이 즉위한 1890년부터 빌헬미나 여왕의 생일인 8월 31일을 여왕의 날로 정한 것에서 유래했다. 이후 1948년 즉위한 다음 여왕인 율리아나 여왕의 생일인 4월 30일로 변경되었다. 율리아나 여왕 다음에 왕위에 오른 현재 국왕의 어머니인 베아트릭스 여왕의 생일은 1월 31일이지만 국민들이 여왕의 날을 밖에서 즐길 수 없는 추운 겨울이라 여왕의 날을 그대로 4월 30일로 유지했다.

전쟁으로 얼룩진 중세 시대에 네덜란드는 지배국의 왕이나 지배국에서 임명한 왕의 통치를 받았다. 1566년 독립운동의 신호탄이 된 봉기가 일어나고 독립을 쟁취한 후 왕이 없는 공화정 시대를 맞아 황금기를 구가했다. 이후 새로이 왕을 추대하여 왕국이 된 지 160여 년이 되었다. 1890년부터 2014년까지 124년간 지속한 여왕의 시대를 마감한 빌름 알렉산더 현 국왕의 생일은 4월 27일로 봄날이라 그의 생일에 맞춰 왕의 날을 지정했다. 네덜란드는 왕 생전에 왕위를 넘겨주는 전통이 있다. 현재 왕이 40대이고 슬하에 공주만 세 명이라 30년쯤 뒤에는 다시 여왕의 생일에 맞춰 여왕의 날로 바뀔 것이다.

왕의 날에는 단체나 기관에서 주관하는 축하 행사가 진행되고 국민들은 오렌지색 옷을 입고 분장도 하며 왕의 날을 축하한다. 왕실 가족은 특정 지역을 방문하여 국민과 함께 왕의 날을 즐긴다. 축하 분위기 속에 특이한 점은 전국에서 벼룩시장이 열리는 것이다. 집에서 쓰던 중고 물품을 정리하여 길거리에 자리를 잡고 판매한다. 물품을 판매하는 것뿐만 아니라 악기를 연주하거나 스낵, 빵, 음료를 팔아 돈을 벌기도 한다. 아이들은 전날 장사가 잘될 것 같은 곳에 미리 분필로 자기 자리임을 표시하고 물품에 가격을 붙이고 장사를 구상하고 준비한다.

왕의 날에 벼룩시장이 열리고 장사를 하는 전통은 국가를 상징하는 왕에게 바치는 세금을 왕의 날에 한해 면제해준 것에서 유래했다. 왕실은 실제 여왕의 생일이 1월임에도 4월로 유지하고 국민은 축하는 하되 실속은 챙기는 모습을 보며 네덜란드의 실용 정신과 상업 정신을 엿볼 수 있다. 어려서부터 장사의 기본 원칙과 돈의 가치를 배우는 문화가 현재 네덜란드를 일인당 수출액이 세계 최고인 나라로 만든 요인 중 하나라고 생각한다.

: 독창적 문화와
  일상의 행복

새해맞이 불꽃놀이

사람들이 가장 좋아하는 구경과 놀이는 불구경과 불놀이라고 한다. 그래서인지 새해가 되면 세계의 여러 나라에서 불꽃놀이를 한다. 불꽃놀이를 하는 대부분의 나라는 기관이나 단체에서 불꽃놀이를 주관하는 데 네덜란드는 어른이나 아이 할 것 없이 사람들이 직접 폭죽을 터트린다. 네덜란드 전체로 보면 천억 원을 단 하루만에 사용하는 셈이고 다치기도 하는 등의 사고도 있으나 새해맞이 폭죽놀이는 매년 계속되고 있다. 폭죽을 터트리는 이유는 중국의 영향을 받아 악귀를 쫓는다는 설도 있으나 주로 한 해를 보내고 새해를 맞는 것을 축하하는 데 그 의미가 있다. 평소 조용하고 알뜰하게 규범적인 삶을 사는 네덜란드 사람들도 이날만큼은 한껏 기분을 낸다.

중국의 새해맞이 불꽃놀이는 무척 유명하다. 서양에서는 단지 새해 첫날에 폭죽을 터트리는 데 중국은 음력 설날부터 약 2주간 계속되는 춘절 기간 내내 폭죽을 터트린다. 폭죽을 터트리는 이유는 악귀를 쫓기 위해서이며 악귀 중에서도 재물이 들어오는 것을 막는 악귀를 쫓는 것이 가장 큰 이유라고 한다. 재물이 다른 집으로 가지 않고 자기 집으로 들어오게 하기 위해서는 악귀를 다른 집으로 보내야 하며 이를 위해서 다른 집보다 큰 소리와 불꽃을 내는 폭죽을 터트려야 한다. 마을 공동체의 안녕과 단합보다는 개인의 풍요로움을 기원하는 것이다.

우리의 새해는 1월 1일 하루지만 설날은 15일 대보름까지 2주간의 기간을 뜻한다. 설날의 마무리는 대보름 전날 행해지는 불놀이다. 낮에는 마을의 모든 사람이 참여하여 논과 밭에 불을 놓아 병충해를 방지하며 풍작을 기원하는 쥐불놀이를 한다. 날이 어두워지면 청소년들이 모여 대보름달을 마중하는 의미로 원형의 달 모양을 만들어 불깡통을 돌린다. 달이 떠오르면 마을 사람들은 짚으로 만든 달을 걸어놓은 나무와 짚으로 만든 달집 주위를 손을 잡고 돌면서 마을의 안녕과 화합을 다진다. 각자 소원을 적은 종이를 달집에 던진 후 불을 붙여 달과 함께 마을을 밝히며 불놀이를 마친다.

우리의 불놀이는 폭죽이 만드는 불꽃과 화려함은 없지만 가족의 행복과 더불어 마을 공동체의 안녕과 단합을 기원한다. 새해를 맞아 한국 사람들 개개인의 바람이 성취되어 불같이 환한 마음을 갖고 사회적으로는 불놀이의 의미를 상기하며 이웃과 가깝고 더불어 사는 따뜻한 공동체가 되기를 기원한다. 언젠가는 폭죽을 터트리는 네덜란드 사람들 사이에서 한국 아이들과 함께 한국식 불놀이를 해보고 싶다. 불이 원을 그리며 돌고 하늘로 높이 올라가 불씨가 되어 퍼지는 불놀이 모습이 네덜란드 사람들에게 이색적일 것이다.

: 독창적 문화와
 일상의 행복

차가움으로
각오를 다지는 새해맞이

새해가 되면 우리가 해돋이를 보러 바다를 찾듯이 네덜란드 사람들도 1월의 겨울 바다를 찾는다. 암스테르담과 헤이그 지역에는 유명한 바닷가가 세 곳 있다. 암스테르담에서 북해를 따라 남쪽으로 잔드보르트Zandvoort, 노르트베이크Noordwijk, 그리고 헤이그에 접해 있는 스헤브닝겐Scheveningen이라는 조그만 바닷가 도시들이 유명하며 암스테르담에서 차로 30분에서 한 시간 이내에 갈 수 있다. 바닷가를 따라 호텔과 레스토랑이 줄지어 있고 독일 관광객이 많이 찾아 관광지 분위기가 불씬 풍긴다.

수영을 하거나 일광욕을 즐기는 지중해와 세계의 유명 바닷가가 여름을 위한 바다라면 네덜란드 바다는 겨울을 위한 바다다. 여름철에 네덜란드 바닷가에서 수영과

일광욕을 즐기는 사람들도 있지만 북해의 황토색 물, 약한 태양, 그리고 적은 일조량은 여름의 바다를 즐기기에는 부적합하다. 네덜란드 사람들은 새해를 맞는 1월에 찬 바람으로 시원하고 상쾌하게 머리를 식히고 마음을 가다듬기 위해 겨울 바다를 찾는다. 이처럼 세찬 바람이 부는 1월의 추운 날 네덜란드 바닷가에 가면 겨울 코트에 목도리를 두르고 목이 긴 장화나 부츠를 신고 바닷가를 거니는 사람들을 볼 수 있다.

새해 첫날에 차가운 바람으로 머리를 상쾌하게 하는 것으로도 만족하지 못하는 네덜란드 사람들은 직접 바다로 뛰어들기도 한다. 차가운 충격으로 상쾌함을 극대화하여 새해 각오를 다지기 위함이다. 미국과 러시아를 비롯한 다른 나라에도 새해 바다 수영 전통이 있듯이 네덜란드도 새해에 차가운 바다로 들어간다. 네덜란드 새해 수영은 1960년 헤이그 바닷가에서 시작되어 현재 네덜란드 전역의 북해 연안과 내륙의 운하에서 개최된다. 매년 4~5만 명이 참가하는 새해 행사로 자리 잡았다.

옛 화가의 흔적을 찾아
문화 인프라 구축

네덜란드 화가 중 반 고흐Vencent van Gogh와 렘브란트는 우리에게도 유명한 반면에 페르메이르Jan Vermeer는 이들만큼 친숙하지는 않다. 페르메이르는 영화와 소설로 유명한 〈진주 귀고리를 한 소녀〉과 〈우유를 따르는 하녀〉를 그린 화가로 렘브란트와 함께 17세기 네덜란드 황금기를 대표하는 화가다. 렘브란트와 반 고흐의 일생과 행적은 잘 알려져 있고 그들의 생가와 박물관을 건립하여 업적을 기리고 있지만 도자기로 유명한 델프트에 살았던 페르메이르의 일생과 행적은 잘 알려지지 않았다. 페르메이르는 주로 실내에서 여인의 모습이나 서민 동네의 일상을 그려 그림의 배경과 위치가 묘연하고 그림을 통해 그의 행적을 알 수 있는 단서가 부족했기 때문이다.

네덜란드의 청결한 골목 모습을 보여주는 그의 작품 〈리틀 스트리트Little Street〉의 배경이 된 장소가 최근에 밝혀졌다. 네덜란드의 한 대학교에서 17세기 델프트에 살던 사람 중 페르메이르 성을 가진 사람들의 세금 납부 기록을 추적하여 그의 친척이 살았던 집의 현재 위치를 추적했고 그곳에 〈리틀 스트리트〉의 배경이 된 집이 있었음을 확인했다. 이 친척 집에 페르메이르가 종종 다녀가고 기거하면서 그림을 그렸던 것이다. 〈리틀 스트리트〉의 배경이 알려진 것을 계기로 델프트 시는 인근의 박물관에서 페르메이르 특별전을 개최했다. 아울러 〈리틀 스트리트〉의 배경이 된 장소에 페르메이르 박물관이 건립될 계획이다.

렘브란트와 반 고흐의 집은 박물관으로 만들어져 그들의 일생에 대한 기록물을 보존하고 작품과 활동에 대한 정보를 제공하며 관광객을 유치하고 있다. 반 고흐가 3년 동안 거주하며 서민들의 모습과 전원의 풍경을 그린 네덜란드 남부의 한 소도시는 반 고흐 작품의 배경이 된 장소마다 안내판과 오디오 기계를 설치하여 반 고흐의 발자취를 생생하게 전달해주고 있다. 모차르트 하우스는 오스트리아에 세 곳, 독일에 한 곳, 총 네 곳이 있다. 오스트리아 잘츠부르크는 모차르트가 태어난 생가와 이사하여 성년 시절에 살았던 곳, 그리고 빈에는 작품 활동을 했던 곳에 그의 박물관을 만들어 모차르트를 기리고 관광객을 유치하고 있다. 독일 아우크스부르크 시도 모차르트의 아버지가 태어나 살았던 집에 모차르트가 종종 방문했다며 모차르트 집이라 이름을 붙였다.

이처럼 네덜란드를 비롯한 유럽 각국의 도시들은 역사에 빛나는 문화 예술인들의 흔적을 찾아 박물관을 건립하고 있다. 이를 통해 문화 인프라를 만들고 문화 도시 이미지를 구축하여 관광객을 유치하는 것이다. 한국인들이 가장 좋아하는 민족 시인 윤동주의 생가와 생애 마지막 흔적은 중국과 일본에 있다. 다행히 짧은 기간이지만 그가 연희 전문에서 공부할 때 기거했던 기숙사에 기념관이 있고 인근에 그의 문학관이 마련되었다. 네덜란드처럼 4세기 전 인물의 흔적을 찾기는 어렵겠지만 훌륭한 작품 과 업적을 남긴 다른 문화 예술인들의 발자취를 찾아서 그들의 숨결을 느껴볼 기회를 도시 곳곳에서 발견할 수 있었으면 한다.

일상의 평범한 음식

둘

오이 절임과 양파를
곁들여 먹는 청어

청어는 네덜란드의 대표 생선이다. 신은 물을 퍼내 땅을 만들기 위해 고생한 네덜란드 사람들에게 물에서 나는 청어로 보상해주었다. 14세기경 네덜란드 근해의 물이 차가워져 북쪽 찬 바다에 서식하는 청어가 네덜란드 근해로 내려왔다. 당시 네덜란드는 청어 어획고가 유럽 전체 해산물 어획고의 절반에 이를 정도로 청어를 많이 잡았다. 국민은 청어로 단백질을 섭취하고 남은 청어는 수출하여 황금기를 맞았다. 청어는 5월 중순에서 6월 말 사이에 잡히는 것이 가장 맛있고 최상품이다. 네덜란드에서는 이 시기에 잡힌, 살이 적당히 올라 맛과 식감이 좋은 어린 청어를 '네덜란드의 새로운 것' 또는 '신선한 것'을 의미하는 '홀랜드 니에우Hollandse Nieuwe'라고 부른다. 프랑스 와인 보졸레 누보가 전 세계에서 같은 날 동시에 시판하는 마케팅을 하는 것처럼 홀랜드 니에우도 시판 일을 정해 시판 행사를 하고 네덜란드 전역에서 판매된다. 찬물에 사는 청어는 예전에는 네덜란드 근해에도 서식했으나 해수 온도 상승으로 이제는 멀리 떨어진 북쪽의 노르웨이 근해에 서식한다. 이로 인해 노르웨이와 덴마크 어부가 잡은 청어가 네덜란드에 수입된다.

수입된 청어는 내장을 제거한 후 소금, 식초, 그리고 다른 양념을 추가하여 숙성시킨다. 췌장에서 생성되는 효소가 청어의 숙성을 돕기 때문에 췌장은 제거하지 않는다. 이렇게 췌장을 제거하지 않고 숙성하는 방법은 이미 14세기부터 시작되었다.

청어 홍보물이나 청어 가게에서 청어 꼬리를 잡고 통째로 입안에 넣어 먹는 모습의 사진을 볼 수 있다. 하지만 빵 사이에 통째로 넣어 먹는 경우를 제외하고 보통은 잘라서 먹는다. 살이 오른 통통한 청어는 '루벤스 모델'이라고 부르기도 한다. 이는 네덜란드 화가 루벤스Peter Paul Rubebs의 그림에 등장하는 모델들이 모두 통통하기 때문이다.

16세기 청어로 부를 이룬 네덜란드를 지켜보던 영국은 북쪽 차가운 물에 서식하는 대구를 잡기 위해 원양 어업에 나선다. 네덜란드의 청어 시대가 가고 영국의 대구 시대가 도래했다. 해상권이 네덜란드에서 영국으로 넘어간 것이다. 동해 강치를 뺏긴 경험을 한 우리는 이제 서해 조기를 뺏기고 있다. 청어를 먹을 때마다 장보고가 넓히고 이순신 장군이 지킨 우리 바다가 걱정된다.

: 독창적 문화와
  일상의 행복

커피와 어울리는
납작한 와플

벨기에에 두툼한 정통 와플이 있다면 네덜란드에는 납작하고 격자 모양의 촘촘한 홈이 있는 스트룹 와플Stroop Wafel이 있다. 스트룹Stroop은 시럽이나 캐러멜을 뜻하며 스트룹 와플은 얇은 두 겹으로 된 동그란 와플 사이에 시럽이나 캐러멜을 넣어 만든 단맛이 강한 와플이다. 달걀과 버터, 그리고 흑설탕을 넣어 만든 밀가루 반죽을 골프공 정도 크기로 만든 후 위아래로 나뉜 철제 틀에 넣어 눌러서 굽는다. 구워진 동그란 와플을 갈라 두 겹으로 만든 후 사이에 캐러멜이나 시럽을 넣으면 스트룹 와플이 완성된다.

스트룹 와플은 네덜란드 중부 지역에 있는 하우다Gouda라는 도시에서 18세기 말에 탄생했다. 하우다에서 빵집을 운영하던 사람이 빵을 만들거나 판매하고 남은 빵 부스러기들을 모아 설탕을 넣어 반죽한 후 틀에 넣어 구워낸 것이 시초였다. 이후 캐러멜을 넣은 스트룹 와플을 만들어 파는 상점이 늘어나면서 네덜란드 전역으로 퍼졌다. 스트룹 와플은 따뜻한 커피와 잘 어울리며 뜨거운 커피를 담은 잔 위에 잠깐 올려놓으면 캐러멜이 살짝 녹아 더욱 맛있다. 네덜란드를 여행하는 사람들도 즐겨 찾는 네덜란드 기념품 중 하나다.

스트룹 와플이 남은 빵부스러기를 처리하기 위해서 고안되었고 철제 틀에서 구운 후 단맛의 내용물을 넣는다는 점에서 모양과 식감은 다르지만 한국의 풀빵과 유사한 점이 있다. 우리나라에서는 새 집으로 이사하거나 수리 후 집 내부를 도배할 때 묽은 밀가루 반죽을 끓여 만든 풀로 벽지를 붙였다. 풀이 남으면 버리기가 아까워 프라이팬이나 솥뚜껑에 부침개처럼 구워 먹었고 나중에는 묽은 밀가루 반죽을 국화 모양이 새겨진 쇠틀에 붓고 단팥을 넣어 구워서 판매했다. 풀빵 또는 국화빵이라고 부르는 우리네 스트룹 와플이 탄생한 것이다. 그리고 풀빵은 붕어빵으로 진화했다.

분주하게 스트룹 와플을 만드는 아저씨와 고소한 냄새를 맡으며 따뜻하게 만들어질 와플을 먹기 위해 기다리는 아이들의 모습을 보니 어릴 적 길거리 풀빵 가게에서 풀빵을 만드는 모습을 구경하면서 갓 구워낸 풀빵을 먹던 추억이 떠오른다. 재미있고 맛있던 풀빵의 추억과 더불어 어른들의 분주했던 삶의 모습도 겹쳐진다. 그때의 소박하고 따뜻했던 기억은 여전히 마음 한편에 남아 스트룹 와플을 볼 때마다 떠오른다.

굵고 긴
네덜란드 감자튀김

감자튀김은 프렌치프라이라는 이름으로 전 세계에 알려져 있다. 하지만 네덜란드에서는 감자튀김을 프리츠Frites라고 부른다. 이곳 감자튀김 전문점은 기계가 아닌 간단한 도구를 사용하여 수작업으로 자른 감자를 사용한다. 네덜란드 감자튀김은 가느다란 보통의 프렌치프라이보다 굵고 길어서 먹음직스럽다. 레스토랑에서 감자튀김은 메인 요리에 따라 나오는 사이드 요리지만 튀김 전문점의 대용량 프리츠는 한 끼 식사로 충분하다. 우리는 보통 감자튀김에 케첩을 찍어 먹지만 프리츠는 케첩, 마요네즈, 땅콩버터, 카레 또는 이들을 혼합한 소스를 올려 먹는다. 네덜란드에는 브람라다지Bram Ladage, 마네킨피스Manneken Pis와 같은 프리츠 프랜차이즈가 있다. 마네킨피스에서 판매하는 프리츠 중 만화영화에 나오는 거인 이름인 오벨릭스Obelix는 거의 1kg이라 여러 명이 나눠 먹어도 배가 부르다.

감자는 환경에 적응을 잘해서 소금기가 있고 습한 네덜란드의 척박한 토양에서도 재배할 수 있었다. 일반 작물의 경작이 어려워 목축에 치중했던 네덜란드 사람들에게 감자는 중요한 식량원이었다. 반 고흐가 그린 〈감자 먹는 사람들〉도 감자가 네덜란드의 일반 서민들이 먹는 주식임을 보여준다. 네덜란드는 감자 재배 기술을 연구하고 발전시켜 감자 생산 세계 1위 국가가 되었다. 북한을 비롯해 식량난을 겪고 있는 나라에도 감자 재배 기술을 전수하고 있다. 네덜란드 감자는 대형 슈퍼에서 5kg에 4유로 정도로 판매하며 고소하고 맛있는 프리츠를 만들 수 있을 정도로 품질이 좋다.

전 세계적으로 감자를 활용해 만들 수 있는 요리는 수백 가지다. 레스토랑에서 메인 요리와 함께 사이드로 감자 요리를 주문하면 보통 네 가지 중 하나를 선택할 수 있다. 프렌치프라이, 갈아서 반죽한 것, 껍질째 구운 것, 프라이팬에 볶은 것이 있다. 이 밖에 생선튀김과 함께 먹는 영국의 피시 앤 칩스Fish & Chips, 독일 남부 바이에른 주에서 돼지고기 요리와 함께 먹는 동그란 모양의 떡처럼 쫄깃쫄깃한 크뇌델Knödel 등도 유명한 감자 요리다. 간장을 양념으로 사용하는 한국과 일본은 간장으로 맛을 낸 감자조림이 있다. 남미에서 유럽으로 전해진 감자는 주요한 식량원이자 병을 막아주는 항균 성분이 있는 작물로서 유럽의 인구 증가에 크게 이바지했다. 이처럼 인구가 증가함에 따라 도시화와 산업화가 촉진되었다. 반면 19세기 중반 감자 농사를 망친 아일랜드는 850만 인구 중 140만 명이 아사하고 100만 명이 이민을 해야 할 정도로 국난을 겪기도 했다.

감자를 재배하고 주식으로 활용한 나라들이 세계를 선도했다. 한때 세계를 주름잡던 스페인이 남미 안데스산맥에서 발견한 감자는 19세기 세계 패권을 다투었던 프랑스와 영국을 거쳐 20세기 강대국이 된 미국에서 패스트푸드 붐을 일으키며 주식과 부식이 되었다. 21세기 현대에는 인구 강국인 중국과 인도에서 대규모로 감자를 재배하고 있다. 인구밀도가 높고 척박한 환경으로 인해 작물 재배가 힘들었던 네덜란드에서는 감자를 소중히 여기며 재배 기술을 발전시켜 강소국의 위치를 유지하고 있다. 우리나라에서는 투박하지만 정감 있고 인정 많은 사람을 '감자바우'라 부른다. 이처럼 투박하지만 정감 있는 감자를 식량자원이 부족한 우리도 유사시를 대비하여 소중히 여기고 잘 지켜야 하겠다.

재료를 얹어서 먹는
네덜란드 부침개

　　네덜란드에는 우리의 부침개와 비슷한 팬케이크Pancake 종류에 속하는 파넨코켄Pannenkoeken이 있다. 밀가루와 우유를 섞은 반죽을 프라이팬에 동그랗고 납작하게 부어 익힌 후 치즈, 베이컨, 햄, 건포도, 사과, 바나나, 파인애플과 같은 여러 가지 재료를 골라서 올린 후 다시 살짝 익힌다. 슈가파우더를 뿌리거나 초콜릿, 시럽을 발라먹기도 한다. 밀가루 반죽의 농도는 우리의 부침개와 비슷하다. 다양한 음식 재료를 올려 먹는다는 점은 피자와 비슷하고 슈가파우더를 뿌리거나 시럽을 발라먹으면 달콤한 팬케이크에 가깝다.

　　파넨코켄 음식점은 대개 네덜란드 전통가옥에 옛날식 실내장식을 갖추고 있으며 입구는 우리네 주막집 느낌이 난다. 파넨코켄 음식점에 들어서면 우리의 시장이나 등

산로 입구에 있는 부침개 음식점이 주는 편안함이 느껴진다. 파넨코켄은 간식이라기보다 서민들이 한 끼를 해결하는 식사였다. 중세 종교개혁자였던 칼뱅의 절제와 검소함의 가르침을 실천하는 네덜란드 사람들에게는 한 끼 식사로 충분했다. 또한 밀가루 반죽을 풀어 간편하게 만들 수 있고 자기가 먹고 싶은 재료를 선택하여 먹을 수 있어 실용적인 네덜란드 사람들에게 잘 어울린다.

파넨코켄처럼 세계 여러 나라에는 부침개와 유사한 음식들이 있다. 영국과 미국의 팬케이크, 일본의 오코노미야키, 이탈리아의 피자, 프랑스의 크레이프, 동남아시아 지역의 로티, 그리고 멕시코의 토르티야가 있다. 팬케이크, 오코노미야키, 피자는 음식 재료를 반죽 위에 올려 만들어 먹고 크레이프, 로티, 토르티야는 음식 재료를 싸서 먹는다. 오코노미야키는 음식 재료를 반죽에 섞어 만들기도 하지만 반죽 위에 재료를 올려서 만드는 것이 원조다. 한국의 부침개는 모든 음식 재료를 반죽에 섞어 만든다. 우리는 음식 재료 각각의 맛보다는 재료가 어우러져 내는 새로운 맛을 좋아한다. 다른 나라 사람들은 각자 원하는 것을 따로 먹지만 우리는 여러 개를 시켜서 나눠 먹는 편이다.

우리는 다른 나라의 따로따로와 대비되는 섞음의 문화가 있다. 융합을 통해 새로움을 추구하고 함께함으로써 단합하고 친목을 다진다. 앞으로의 시대는 섞는 것을 잘하는 것이 경쟁력이라고 한다. 휴대전화와 컴퓨터를 섞은 한국 스마트폰이 세계 시장에서 선전하고 있다. 아이돌 그룹의 구성원들은 일사불란하게 노래와 춤을 잘 섞는다. 노래만 하는 가수가 대부분인 유럽에 한국의 K-POP을 좋아하는 젊은이들이 꽤 많다. 달콤한 파넨코켄을 먹다 보면 느끼한 맛도 난다. 비 오는 날 한국의 등산로 입구에서 판매하는 해물이 섞인 고소한 부침개 생각이 간절하다.

호호 불며 먹는
겨울철 음식

네덜란드에도 겨울철 음식이 있다. 에튼 수프Erwten Soep는 네덜란드에서 겨울철에 먹는 국물 음식으로 네덜란드어로 에튼인 완두콩을 주원료로 하며 셀러리, 부추, 얇게 썬 비계 붙은 돼지고기, 그리고 소시지를 넣어 끓여 만든 수프다. 감자를 넣어 걸쭉하게 만들기도 하며 완두콩과 재료가 어우러져 고소한 맛을 내고 초록색과 노란색이 섞인 색이다. 에튼 수프는 납작하고 곡물 알갱이가 그대로 들어 있는 호밀로 만든 흑빵에 버터나 겨자 소스를 바르고 얇게 썰어 훈제한 베이컨을 올려 같이 먹는다. 걸쭉하고 고기와 소시지가 들어 있어 양이 적은 사람이라면 한 끼 식사로 충분하다. 집에서 만들기도 하지만 번거롭고 시간이 많이 소요되어 식당에서 사서 먹거나 조리되어 포장된 것을 슈퍼마켓에서 사서 집에서 데워 먹기도 한다.

네덜란드의 또 다른 겨울철 대표 음식으로 홀란드 스탐포트Hollandse Stamppot가 있다. 스탐포트는 영어의 스튜Stew에 해당하며 홀란드 스탐포트는 홀란드식 스튜라는 의미로 훈제된 U자형 소시지를 육수에 조린 간 감자와 각종 채소 조림에 곁들여 먹는 음식이다. 채소는 주로 상추, 양파, 홍당무, 시금치를 사용하며 신맛이 나는 채 썬 절인 양배추를 추가하기도 한다. 육수를 부어 뜨겁게 조리된 채소 조림 위에 소시지를 올린 후 입으로 호호 불어 식혀 먹는다. 소시지의 크기는 작은 것부터 아주 큰 것까지 다양하며 양쪽을 줄에 걸어 훈제하는 과정에서 U자 형태가 되어 접시에 담기 편하다. 홀란드 스탐포트는 집에서 만들어 전통적인 깊은 맛을 즐기기도 하고 간편하게 슈퍼에서 사서 집에서 데워 먹기도 한다.

세계 여러 나라에는 다양한 수프와 스튜가 있다. 프랑스에는 깔끔한 프랑스 음식답게 양파와 닭 국물로 만든 양파 수프가 있다. 뜨거운 국물에 치즈와 바게트를 잘라 넣어 같이 먹으면 쫄깃해진 치즈와 국물이 스며든 바게트가 어우러져 더욱 맛있다. 헝가리에는 소고기, 감자, 마늘, 양파, 토마토, 당근을 네모나게 썰어 끓인 후 파프리카를 넣고 한 번 더 끓여 간을 낸 굴라쉬Goulash가 있다. 파프리카의 빨간색 덕분에 김치찌개나 육개장과 색깔이 비슷하며 간혹 매운 파프리카를 넣어 우리 입맛에 잘 맞는다. 멕시코에는 '칠리 위드 미트Chili with meat'를 뜻하는 칠리 콘 카르네Chili Con Carne가 있다. 칠리 콘 카르네는 소고기, 강낭콩, 양파, 마늘과 매운 고추를 넣고 끓인 스튜 형태로 빵이나 토르티야와 같이 먹는다. 어렸을 적 서부 영화를 보았을 때 카우보이가 프라이팬에 담긴 스튜를 빵에 묻혀 먹던 장면이 생각난다. 맛있겠다는 생각이 들었는데 그게 칠리 콘 카르네였던 것 같다.

우리나라 사람들은 국물 없이는 못 살기 때문에 "국물도 없다"란 말로 엄포를 놓거나 협박할 때 사용한다. 그만큼 국물 음식을 좋아하고 종류 또한 많다. 콩나물이나 소고깃국으로 대표되는 국, 국과 비슷하나 재료를 오래 삶아 고아내는 설렁탕이나 곰탕, 간이 진하고 국물과 아울러 건더기를 중시하는 찌개, 복이나 대구 지리와 같이 국물을 맑게 만드는 지리, 식탁에서 재료를 넣어 끓여 가면서 먹는 전골, 그리고 곡류를 주재료로 하는 죽이 있다. 중국, 일본, 베트남 같은 아시아에는 면과 함께 먹는 국물 음식은 많지만 밥과 함께 먹는 국물 음식은 한국이 가장 발달했다. 추운 겨울을 보내는 데는 밥과 함께 뜨거운 국물 음식이 최고가 아닌가 싶다. 각 나라의 국물 음식이 잘 만들어졌는지 평가하는 기준은 각각 다르다. 에튼 수프는 수프 가운데 국자를 꽂았을 때 국자가 쓰러지지 않아야 하고 양파 수프는 양파 냄새가 나지 않아야 한다. 우리의 국물 음식 평가 기준은 무엇일까? 사람마다 다르지만 뜨거운 국물을 한 숟갈 떠먹은 후 "시원하다"란 말이 저절로 나오면 합격인 사람이 많다. 네덜란드에서도 식당이나 집에서 국물 음식을 먹을 수 있지만 한국처럼 다양하지 않다. 네덜란드에서 추운 겨울을 보낼 때는 "국물도 없다"란 말이 실감 난다.

특이한 이름이나 의미가 담긴 음식

셋

외국인이 두려워하는
검은 젤리

네덜란드의 달콤한 간식거리인 사탕, 젤리, 캐러멜은 우리나라 것과 색깔과 맛이 비슷하다. 그러나 그중에 우리 입맛에 전혀 맞지 않는 이상한 맛을 가진 드롭Drop이라는 검은색 젤리가 있다. 드롭은 여러 가지 모양이 있지만 모두 고무를 씹는 듯한 식감이 난다. 드롭을 처음 접하는 외국인은 왜 이걸 먹을까 하는 의구심을 가질 정도로 짜고 느끼하며 심지어 구역질이 나기도 한다. 네덜란드에 온 지 얼마 되지 않았을 때 드롭을 보고 검은색이라 찜찜한 생각이 들었지만 어렸을 적 좋아했던 달콤한 한국의 사탕을 생각하고 먹었다가 상했는지 알고 바로 뱉었던 기억이 난다.

드롭은 콩과 식물인 감초로 만드는 네덜란드 고유의 젤리다. 북유럽 핀란드에도 감초로 만드는 드롭과 같은 젤리가 있다. 약리 작용이 있는 감초는 고대 중국에서 약재로 사용되었고 핀란드 민족이 동쪽에서 서쪽으로 이주한 것으로 보아 감초가 아시아에서 핀란드를 거쳐 네덜란드에 와서 드롭의 원료가 된 것으로 추측된다. 드롭은 외국인의 입맛에는 전혀 맞지 않지만, 네덜란드 사람들이 즐겨 먹는 간식이자 기호 식품이다. 특히 중년을 넘긴 사람들은 어려서부터 먹은 드롭을 좋아한다. 해외에 오래 체류하거나 거주하는 네덜란드 사람들은 고향의 맛이 그리울 때 드롭을 찾는다. 가벼운 감기에 걸린 아이에게 드롭을 먹이기도 한다.

어느 나라나 자국민이 좋아하는 보편적인 음식, 간식, 그리고 기호 식품이 있다. 이러한 보편적인 음식과 기호 식품은 외국인들도 익숙해지면 좋아할 수 있다. 그러나 자국민은 좋아하지만, 외국인은 전혀 이해할 수 없거나 심지어 혐오하는 음식과 식품도 있다. 네덜란드의 드롭은 달콤한 사탕 맛과는 전혀 다른 맛 때문에 외국인이 싫어하는 식품이다. 스웨덴의 삭힌 생선 음식인 수르스트뢰밍Surströmming은 세계의 악취 음식 중에서도 가장 지독한 악취가 나는 음식으로 외국인은 물론 스웨덴 사람도 도망가는 음식이다. 수르스트뢰밍 통조림은 뚜껑을 따는 순간 악취가 진동하여 익숙하지 않은 사람은 그 장소를 뛰쳐나갈 정도다. 간혹 젊은이들이 모임이나 파티에 몰래 가져와 재미로 통조림을 열어서 사람들을 놀리는 경우도 있다. 우리나라를 방문한 외국인들이 혐오하는 음식으로는 번데기가 있다. 벌레를 닮은 모양이 놀라운 모양이다.

네덜란드 드롭은 약리 효과가 있어 오래전부터 건강 식품이었고 자주 먹다 보면 깊은 맛을 느끼게 된다. 스웨덴 수르스트뢰밍은 음식이 귀한 북구에서 장시간 보관하며 먹기 위해 발효시킨 생선이다. 누에를 치고 난 후 굳이 버릴 필요가 없는 고소한 번데기는 우리의 보조 단백질원이었다. 이렇듯 특이한 음식과 관련된 문화와 역사를 살펴보면 그 음식을 이해할 수 있다. 지속적인 인구 증가, 기후 변화, 그리고 환경문제로 곤충이 미래의 중요한 식량이 될 것이라고 한다. 네덜란드는 미래 산업인 곤충 산업의 선두 국가로 이미 곤충 레스토랑과 식품점도 있다. 드롭을 간식으로 즐겨 먹고 곤충 산업을 선도하는 네덜란드 사람들만큼은 미래의 주식이 될지도 모를 번데기를 자연스럽게 먹는 한국 사람들을 이해할 것 같다.

뿌려먹는
싸락눈 초콜릿

네덜란드 사람들도 2월 14일이 발렌타인데이라는 것을 알고 있지만 반드시 선물을 해야 하는 날로 생각하지는 않는다. 물론 몇몇 사람들은 조그만 선물을 서로 주고받는다. 우리나라처럼 여성이 남성에게 초콜릿을 선물하기보다는 서로 선물을 주고받는다. 초콜릿은 여러 선택지 중 한 가지다. 물론 제과업체의 요란한 마케팅이나 판촉 행사는 없다.

네덜란드에는 하헐슬라흐Hagelslag라는 네덜란드식 초콜릿이 있다. 하헐슬라흐는 '싸라기눈을 뿌린다'는 뜻으로 토스트 위에 뿌려 먹는 건조 초콜릿이다. 모양과 색이 다양하고 초콜릿에 과일이나 설탕을 섞은 종류도 있다. 네덜란드 사람들은 아침과 점심으로 하헐슬라흐를 뿌린 토스트를 먹기도 한다. 1860년에 뤼에터Ruijter라는 사람에

의해 처음 생산된 후 뤼에터가 가장 유명한 브랜드가 되었다. 뤼에터 하헐슬라흐는 1883년에 국민 식품이 되어 명성 있는 회사에만 주어지는 '로열'을 쓸 수 있는 자격을 얻었다.

네덜란드에서는 여자아이가 태어나면 분홍색을, 남자아이가 태어나면 하늘색 하헐슬라흐를 토스트나 비스킷에 뿌려 먹으며 아이의 탄생을 축하한다. 둘째 딸아이가 태어났을 때 분만실에서 의사와 간호사들이 분홍색 하헐슬라흐를 뿌린 토스트와 과자를 나눠주며 축하해주었던 기억이 난다. 1938년 지금 왕의 어머니인 베아트릭스 전 여왕과 2003년 첫째 공주인 카트리나–아말리아 공주가 태어났을 때 뤼에터사가 특별히 만든 오렌지색 하헐슬라흐가 왕실 축하 행사에 사용되었고 국민도 오렌지색 하헐슬라흐를 먹으며 공주의 탄생을 축하했다.

네덜란드 사람들은 어렸을 적부터 먹었던 하헐슬라흐를 성인이 된 후에도 즐겨 먹는다. 아침부터 단것을 먹는 것이 이해되지 않지만 액체로 된 초콜릿 스프레드보다 보관도 쉽고 간편하며 익숙한 것이 이유라고 생각한다. 한국 사람들이 하헐슬라흐를 뿌린 토스트로 끼니를 때우면 허탈할 것이다. 어렸을 때부터 익숙한 따뜻한 밥에 김치와 김을 곁들여 먹어야 힘이 난다.

악귀를 물리치는
네덜란드 도넛

우리가 악귀를 쫓기 위해 동짓날 팥죽을 먹듯이 네덜란드 사람들은 비슷한 이유로 겨울철에 도넛을 먹는 풍습이 있다. 네덜란드 도넛은 반죽을 동그란 볼 모양으로 만들어 올리브오일에 튀긴 것이란 뜻으로 올리볼렌Oliebollen이라고 부른다. 밀가루에 달걀과 우유를 넣고 반죽한 후 속에 건조한 사과를 넣거나 표면에 건포도를 넣어 테니스공만 하게 만들어 올리브오일에 튀긴다. 튀긴 후 따뜻한 상태에서 고운 설탕 분말을 뿌려 먹는다.

올리볼렌은 과거 네덜란드 지역에 정착한 게르만족의 한 부족에 의해서 유래되었다. 이 부족은 12월 26일부터 새해 1월 6일 사이에 페차타Perchta라는 악의 여신이 하늘을 날아다닌다고 믿었다. 악의 여신의 마음을 달래기 위해 음식을 바쳤으며 그중

기름에 충분히 튀긴 도넛도 포함되었다. 이 악의 여신은 만나는 사람마다 칼로 배를 가르려고 했는데 올리볼렌을 먹은 사람들은 그들의 몸에서 나오는 기름 때문에 여신이 칼을 놓쳐 생명을 건질 수 있었다고 한다. 이후로 사람들은 악의 여신이 오는 동안 자신을 지키기 위해 올리볼렌을 먹기 시작했다.

이처럼 악귀로부터 자신을 보호한다는 의미를 가진 올리볼렌은 새해 첫날 네덜란드 사람들이 먹는 음식이 되었다. 새해 첫날에만 먹기에는 아쉬움이 있었고 사람들이 겨울철에 따뜻한 음식을 찾기도 해서 12월부터 상점에서 만들어 판매하기 시작한다. 상점 밖에 위치한 가판대에서 하얀 옷을 입은 사람들이 올리볼렌을 튀기고 판매하는 것도 특이한 풍경이다. 거리에서 기름 냄새가 나기 시작하면 한 해를 마무리하고 새해를 맞을 준비를 할 때인 것이다. 미국의 일부 지역에서는 도넛을 올리쿡Olicook이라 부른다. 올리쿡은 올리볼렌의 옛 이름인 올리케이크란 뜻의 '올리쿠크Oliekoek'에서 유래했다. 네덜란드 도넛이 던킨 도넛으로 대표되는 미국 도넛에 영향을 미친 것을 알 수 있다.

사과가 들어 있거나 건포도가 붙은 올리볼렌을 먹으면 고소하고 맛있지만 무언가 허전하다. 한국에서 먹었던 단팥 앙금이 들어 있는 단팥 도넛 생각이 간절하다. 우리가 동짓날 팥죽을 먹는 것은 붉은 팥의 양기가 음의 악귀를 쫓기 때문이라는 설이 유력하다. 올리볼렌을 만들어 파는 네덜란드 사람에게 팥을 듬뿍 넣은 단팥 올리볼렌은 동서양 악마를 모두 쫓아내기 때문에 동양 사람들도 좋아할 것이라고 귀띔해주고 싶다. 상인 정신이 투철한 네덜란드 사람들이 단팥 올리볼렌을 만들어 팔고 네덜란드에서 단팥 도넛을 먹을 수 있었으면 좋겠다.

내용물이 뜨거운
네덜란드 미트볼

비터 볼렌Bitter Ballen은 둥근 모양의 튀김으로 미트볼Meat Ball보다 약간 크다. 다진 소고기와 채소에 뜨거운 육수를 섞어 만든 소에 달걀과 밀가루 반죽으로 옷을 입힌 후 기름에 튀긴 음식이다. 기름에 튀겨 진한 갈색을 띠는 뜨거운 비터 볼렌은 노란 겨자 소스를 묻혀 간식이나 안주로 먹으며 바삭한 식감이 있어 고소하고 맛있다. 'Bitter'는 허브향이 나는 네덜란드 전통 술 이름이고 'Ballen'은 'Ball'의 복수로 여러 개의 공을 의미한다. 즉, 비터 볼렌이라는 이름은 비터 술을 마실 때 안주로 먹는 작은 공 모양의 음식을 뜻한다. 비터 볼렌은 재료, 만드는 법, 그리고 식감 모두 네덜란드 크로켓 같다. 그래서 비터 볼렌은 네덜란드 크로켓에 속하지만 짧은 튜브 모양을 크로켓이라 하고 공 모양은 따로 비터 볼렌이라 부른다.

겨울철 집에 손님이 오거나 네덜란드에서 개최되는 행사나 회의에 비터 볼렌이 전식이나 간식으로 제공되는 경우가 많다. 네덜란드를 처음 방문하는 외국인이나 네덜란드에 사는 외국인들은 비터 볼렌의 비터를 영어의 의미인 모진, 호된, 그리고 쓰라린 것으로 해석하기도 한다. 외국인들이 처음 보는 비터 볼렌을 덥석 깨물어 한 입 먹으면 호되고 쓰라릴 정도로 혀와 입에서 불이 나기 때문이다. 뜨거운 육수를 섞어 만든 소에 튀김옷을 입혀 기름에 튀기기 때문에 안에 든 육수가 입을 델 정도로 뜨겁다. 일부 외국인들에게 비터 볼렌은 네덜란드의 소박하지만 후하지 않은 음식 접대 문화의 상징으로 종종 이야깃거리가 된다. 비터 볼렌으로 손님들의 입과 혀를 얼얼하게 하여 맛을 못 느끼게 해놓고 소시지, 치즈, 오이절임과 같은 평범한 음식을 뒤에 내놓으며 맛있다고 맘껏 먹어 보라고 한다고 푸념 섞인 농담을 한다.

　　네덜란드나 북유럽에서 개최되는 회의나 행사에는 비스킷, 치즈 조각, 그리고 비터 볼렌 같은 간단한 간식과 이를 찍어서 먹을 수 있는 작은 포크나 이쑤시개와 함께 필터 커피가 곁들여 제공된다. 반면 이탈리아나 남유럽에서 개최되는 회의나 행사에는 타파스같이 다양하고 맛있는 간식이 제공된다. 이런 영향인지 북유럽에서 개최되는 국제회의는 경직된 분위기에서 격론이 오가고 합의에 이르기가 쉽지 않은 반면 프랑스나 남유럽에서 개최되는 국제회의는 부드러운 분위기 속에서 큰 격론 없이 합의에 이르는 경우가 많다고 한다. 자신의 문화에 익숙한 실용적인 북유럽 사람들만의 모임이나 여유가 있고 낭만적인 남유럽 사람들만의 모임에서는 간식이나 식사가 회의 분위기나 결과에 영향을 주지 않지만 서로 다른 문화권의 사람들이 모인 행사에서는 간식이나 식사도 행사 분위기나 결과에 어느 정도 영향을 주는 듯하다.

　　국물이 많은 한국 음식은 뜨거울 때 먹어야 제 맛이고 식으면 맛이 떨어지기 때문에 한국 사람들은 식기 전에 먹기 위해 뜨거운 음식을 빨리 잘 먹게 되었다고 한다. 한국 사람들에게 비트 볼렌의 뜨거움은 별 문제가 되지 않아 외국인들이 말하는 혹독한 뜨거움은 없고 그저 고소하고 바삭할 뿐이다.

깊게 튀긴 UFO

UFO는 'Unidentified Flying Objects'의 약어로 미확인 비행물체를 뜻한다. 그러나 네덜란드에는 다른 의미의 UFO가 있다. 네덜란드에는 감자튀김뿐만 아니라 여러 종류의 튀김 음식이 있다. 네덜란드의 튀김 음식을 처음 접하는 몇몇 외국인들은 이를 미확인 튀긴 물체Unidentified Fried Objects라 하여 UFO라고 부른다. 튀긴 음식이 각각 모양이 다르고 재료가 무엇인지, 그리고 어떤 맛인지 모르기 때문에 UFO로 부르는 것이다.

UFO는 간단하게 식사를 해결하거나 간식을 먹는 스낵바나 FEBO라는 프랜차이즈 패스트푸드점에서 판매한다. 패스트푸드점에는 자판기가 설치되어 있어 동전을 넣고 꺼내서 먹는다. 네덜란드 사람들의 주식은 샐러드, 삶은 감자, 그리고 우유와 치즈 같은 유제품으로 구성되어 있어 건강식으로 유명하다. 그러나 기름에 튀긴 음식은 주식과 달리 유익하지 않다는 인식이 튀김 음식을 UFO라고 부르는 또 다른 이유이기도 하다.

UFO는 프리칸델Frikandel, 킵콘Kipcon, 크로켓Kroquett, 카스수플레Kaassoufle, 그리고 버렌 클라우Beren Klauw가 대표적이다. 간 고기와 양념 반죽을 섞은 길쭉한 모양의 프리칸델은 어묵과 맛과 식감이 비슷하다. 킵콘은 닭고기에 바삭한 식감을 주는 튀김옷을 입힌 길쭉한 닭강정이라고 할 수 있다. 카스수플레는 두툼한 납작 만두 모양으로 밀가루로 만든 외피 안에 치즈가 들어 있다. 크로켓은 고기를 갈아 만든 물기가 있는 내용물이 들어 있으며 짧은 가래떡 모양이다.

네덜란드 사람들은 치즈, 청어, 그리고 UFO를 이쑤시개로 찍어서 먹기도 한다. 국경일이 가까워지면 네덜란드 국기가 달린 이쑤시개가 등장하고 장식용으로 스낵류에 꽂아 놓기도 한다. 이에 외국 지인들은 네덜란드 사람들이 과거에는 해외 개척지에 국기를 꽂던 한때가 있었으나 이제는 UFO에 국기를 꽂으며 위안으로 삼는다고 농담을 한다. 건강에 좋지는 않지만 네덜란드나 한국의 고소하고 바삭한 튀김 음식의 유혹을 쉽게 떨치기는 힘들다. 한국에도 고구마, 채소, 오징어 튀김 등 다양한 튀김 음식이 있다. 오돌돌한 오징어 다리를 먹지 않는 네덜란드 사람들에게 오징어 튀김은 진정한 UFO일 것이다.

진의 원조,
예너버르

네덜란드어인 예너버르Jenever는 향나무에 속하는 노간주나무를 뜻한다. 중세 네덜란드 사람들은 몸이 아프거나 병이 나면 예너버르의 열매를 약으로 먹었다. 16, 17세기 유럽에서 수많은 사람의 목숨을 앗아간 흑사병이 네덜란드에도 퍼졌고 많은 사람이 목숨을 잃었다. 당시 네덜란드 사람들은 약리 효과가 있는 노간주나무를 태운 연기가 흑사병을 예방한다고 생각하여 집집마다 노간주나무를 태운 연기를 뿌리고 마셨다. 이후 네덜란드의 한 의학자가 노간주나무 열매의 약리 효과를 높이기 위해 항생 작용을 하는 알코올에 노간주나무 열매를 담가 약용주로 만들었다. 노간주나무 열매의 향이 밴 약용주는 점차 인기를 얻어 예너버르란 이름으로 네덜란드의 대중적인 술이 되었다.

영국과 네덜란드의 전쟁 중 네덜란드에서 전쟁을 치른 영국 병사들이 예너버르를 가지고 영국으로 복귀했다. 영국으로 건너간 예너버르는 위스키와 달리 숙성 기간이 필요 없고 저렴한 곡물을 원료로 하여 영국의 앞선 증류 기술로 대량 생산되었고 영국의 대중적인 주류로 자리 잡았다. 영국 사람들은 예너버르를 제네버Genever로 발음하며 스위스 도시인 제네바Geneva로 인식했다. 이후 제네버는 'Gen'을 거쳐 'Gin'이 되었고 진Gin은 미국으로 건너가 대중화되고 세계에 전파되었다. 이렇듯 서양의 대중 술인 진은 네덜란드 예너버르에서 유래한 것이다.

영국에서 대중화된 진은 향이 약하고 순한 영국 진을 뜻하는 '런던 드라이 진'으로 불리며 길비Gilbey's 같은 유명 브랜드도 생겼다. 현재 네덜란드 예너버르는 일부 회사에서 제네버라는 이름으로 상표를 부착하여 예너버르와 제네버 두 가지로 불린다. 네덜란드 예너버르는 다시 오래됨을 뜻하는 아우더Oude와 새로움이나 젊음을 뜻하는 용허Jonge로 나뉜다. 아우더와 용허는 숙성 기간의 차이가 아니고 제조 방식이 전통적이냐 현대적이냐의 차이다. 전통 방식으로 만든 아우더 예너버르는 깊은 맛이 나지만 소량으로 만들어 제조 비용이 높고 용허 예너버르는 현대적인 방법으로 대량 생산하며 대중적이다. 외국인들이 쉽게 접하는 대중적인 용허 예너버르를 흔히 '영 제네버'라고 부른다. 영국 런던 드라이 진에 길비 브랜드가 있다면 네덜란드 아우더 예너버르는 볼스Bols, 용허 예너버르는 하트펠트Hartvelt 브랜드가 유명하다.

영국을 거쳐 미국이 세계를 주도하면서 그들의 대중주인 진은 영국과 미국의 술로 알려졌고 진의 원조가 네덜란드 예너버르라는 것은 잘 알려지지 않았다. 이 사실이 알려지지 않은 가장 큰 이유는 절제하는 삶을 중시하는 네덜란드 사람들의 신조에 있다. 네덜란드에서는 술을 절제하기 때문에 대량 소비가 이뤄지지 않아 대량 생산을 위한 발효와 증류 기술의 발전이 정체되어 예너버르의 주도권이 주류 소비가 활발하여 기술이 발전한 영국으로 넘어가버렸다. 지금도 네덜란드의 거리나 음식점에서 술에 취해 비틀거리거나 싸우는 모습은 거의 볼 수 없다. 우리나라는 술로 인한 건강 악화와 음주 운전 때문에 개인과 국가 모두 막대한 비용을 지급하고 있다. 대학교 행사 시 학생들의 과도한 음주도 문제가 되고 있다. 우리의 전통주를 보존하고 발전시키면서 절제하며 즐기는 음주 문화가 정착되기를 바란다.

: 독창적 문화와
  일상의 행복

네덜란드 꼬치 음식
곰 발톱

네덜란드 음식 중에 곰 발톱Bear Claw을 뜻하는 버렌 클라우Beren Klauw 라는 음식이 있다. 버렌 클라우는 어린아이 주먹만 한 미트볼을 4~6조각으로 납작하게 썰어 역시 둥글고 납작하게 썬 양파를 미트볼 사이에 꼬챙이로 끼우고 기름에 튀긴 음식이다. 갈색 미트볼과 하얀색 양파가 번갈아 끼워진 튀기기 전의 버렌 클라우는 선뜻 곰 발톱으로 보이지는 않는다. 버렌 클라우는 꼬챙이에 끼우고 튀긴 후 접시에 담아 피클과 소스와 함께 제공된다.

버렌 클라우는 미트볼의 고소함과 기름에 튀긴 음식의 느끼한 맛도 있지만 양파가 느끼함을 덜어준다. 정식 레스토랑에서 먹는 음식은 아니고 우리의 분식점에 해당하는 스낵바에서 간식이나 간단한 요깃거리로 먹는 음식이다. 스낵바는 상점가나 동네 길모퉁이에 있으며 늦은 시간까지 문을 열어 일반 식당이 문을 닫은 후 찾는 곳이 기도 하다. 스낵바에서는 버렌 클라우나 크로켓과 같은 튀김류를 미리 만들어 유리 진열장에 갖춰 놓고 손님이 주문하면 튀겨준다.

네덜란드 버렌 클라우는 고기와 양파를 꼬챙이에 끼워 먹기에 꼬치 요리에 해당 한다. 아시아, 중동, 그리고 남미에서는 꼬챙이에 음식물을 끼워 먹는 꼬치 요리가 발 달했다. 꼬치 요리의 원류인 일본의 각종 꼬치, 한국에서 대중화되고 있는 중국의 양 고기 꼬치, 그리고 동남아의 사테가 유명하다. 고기를 많이 먹는 유럽 각국을 다녀보 았지만 네덜란드 버렌 클라우 외 유사한 꼬치 요리를 본 적이 없다. 일본과 중국의 꼬 치 요리도 버렌 클라우처럼 음식물이 끼워져 있는 모양을 본따 '串'으로 표기한다.

한국의 산적도 짧기는 하지만 나무 꼬챙이에 음식물이 끼워져 있어 꼬치 요리에 해당한다고 할 수 있다. 산적이란 이름도 음식물이 끼워진 모양을 내포하고 있다. 나 눠진 고기와 음식물을 구웠다는 의미 또는 작은 나뭇가지(막대)를 연결한 듯한 모양의 고기와 재료를 구운 것이라는 의미. 잘 튀겨져 테이블에 놓인 네덜란드의 산적, 아 니 산이 없으니 해적이 좋아할 것 같은 투박한 모양과 이름의 버렌 클라우를 곰곰이 살펴보니 언뜻 곰 발톱이 보인다. 진의 원조인 예너버르와 잘 어울릴 것 같다.

소박한 일상의 행복

넷

청결한 생활환경

'깨끗하다'라는 이미지를 가진 나라로는 아시아에서는 싱가포르가 있다. 그리고 유럽에는 네덜란드가 있다. 네덜란드는 역사적으로도 깨끗하기로 유명했다. 16세기 네덜란드가 황금기를 구가하던 시절 많은 유럽 사람이 네덜란드를 방문했고 그들은 네덜란드의 청결함에 놀랐다. 당시 유럽의 다른 나라는 도로에 마차를 끄는 말의 말똥 등의 오물과 생활 쓰레기가 널려 있었다. 집 주변과 길거리에는 가정과 상점에서 연료로 사용하던 석탄이 쌓여 있었고 사용한 석탄재가 그대로 버려졌다. 이런 불결한 환경은 수많은 유럽 사람의 인명을 앗아간, 흑사병 페스트가 퍼진 원인이기도 했다. 그러나 네덜란드의 도로와 주거 환경은 깨끗했고 가정과 마을에서 쓸고 닦고 정리하는 네덜란드 사람들의 모습을 쉽게 볼 수 있었다.

더치페이Dutch Pay는 네덜란드와 여러 차례 전쟁을 치르며 서로 감정이 좋지 못한 영국 사람들이 네덜란드 사람들의 생활 방식을 낮춰 부른 말에서 유래했다. 영국 사람들은 실용적인 네덜란드 사람들이 손님을 후하게 대접하지 않는다고 불평했다. 이를 네덜란드 사람들이 손님을 대하는 방식이란 의미로 더치 트리트Dutch Treat라 불렀고 이후 더치페이가 되었다. 이밖에 영국 사람들이 네덜란드를 낮춰 부르는 말로는 술김에 내는 용기를 뜻하는 더치 커리지Dutch Courage와 네덜란드 사람들이 값을 깎는 데 일가견이 있다 해서 값을 깎아 내리는 경매 방식을 뜻하는 더치 옥션Dutch Action이 있다. 이렇게 네덜란드에 대해 부정적인 언사를 만들었던 영국도 네덜란드의 청결함만은 인정했다. 영국은 더치 클린리너스Dutch Cleanliness라는 말로 네덜란드의 청결함을 인정했고 이 말은 깨끗함을 나타내는 단어로 유럽에서 널리 사용되었다.

네덜란드의 청결함은 지금도 느낄 수 있다. 검소한 네덜란드 사람들도 2~3층으로 된 가정집의 커다란 창문을 주기적으로 전문 청소업체에 의뢰하여 닦는다. 관할 관청에서는 동네와 도로의 청소와 정지 작업을 주기적으로 실시한다. 각 가정은 앞뒤 정원을 관리하고 집안 내부는 깔끔하게 정리한다. 네덜란드의 청결함은 부끄럽지 않게 남에게 숨기는 것 없이 생활해야 한다는 칼뱅이즘Calvinism의 종교적 영향과 일반 가정에서도 치즈를 생산했던 생활 방식에 기인한다. 치즈를 만들려면 우유를 짜고 보관하고 숙성시킬 때 불순물이 들어가지 않게 청결을 유지해야 한다. 네덜란드의 전통 의복을 보면 여성은 하얀색의 고깔모자를, 그리고 남성은 검정색 모자를 쓴다. 치즈나 음식을 만들 때 머리카락이나 불순물이 들어가지 않도록 하기 위함이었다.

네덜란드의 청결함이 종교와 생활 방식에서 유래한 자발적인 청결함이라면 싱가포르의 청결함은 벌금을 부과하고 감독하는 강제성을 가진 청결함이다. 과거 우리나라의 집 밖 골목은 콘크리트로 된 쓰레기통에 쓰레기와 연탄재가 수북이 쌓여 지저분한 모습이었다. 그러나 지금은 한국을 처음 방문하는 유럽 사람들이 방콕으로 생각하고 왔는데 싱가포르라고 말할 정도로 깨끗해졌다. 그러나 우리의 청결함은 아직 환경 미화원들의 노고에 기대는 면이 크다. 아파트 단지와 같은 공동 주거 지역에서 음식을 배달시켜 먹고 국물이 흐르는 그릇을 그대로 내어놓는 모습을 종종 보게 된다. 이런 지저분한 모습은 상쾌하게 시작해야 할 아침에 지나가는 이의 기분을 상하게 만든다. 청결함은 자기 자신뿐만 아니라 더불어 사는 이웃을 위한 자발적인 배려라고 생각했으면 좋겠다.

일상화된 자전거 타기

네덜란드는 자전거의 나라답게 기차역 주변의 실내외 자전거 주차장에 자전거가 꽉 들어차 있다. 역에서 집이나 직장까지 거리가 멀거나 출장을 위해 다른 지역을 방문하는 경우를 제외하면 대부분 자전거를 이용하여 역을 오고 간다. 다른 대도시와 마찬가지로 주차비가 비싸서 차를 기차역에 장시간 주차하기가 어렵기 때문이다. 자전거로 이동하는 방법은 자신의 자전거를 이용하는 방법과 임대 자전거를 이용하는 방법이 있다.

자신의 자전거를 이용할 경우 대도시 중앙역의 실외 주차장은 무료이고 실내 주차장은 24시간 무료, 그 이상은 하루에 1.25유로를 내야 한다. 비싼 자전거를 보관해야 하거나 자전거 상태를 좋게 유지하기 위해서는 주로 실내 주차장을 이용한다. 임

대 자전거를 이용하려면 연회비 10유로를 내고 회원에 가입한 후 하루당 이용료 3.15 유로를 내야 한다. 임대 자전거를 이용하는 이유는 해당 도시에 살지 않지만, 주기적으로 방문하는 경우 일부러 자전거를 살 수는 없고 버스를 이용하는 것보다 비용이 저렴하기 때문이다. 회원이 되면 모든 도시의 임대 자전거를 사용할 수 있어 더욱 편리하다.

네덜란드는 자전거 문화가 발달한 나라답게 어느 도시에는 자전거 히치하이크도 있다. 히치하이크 표지판이 있는 장소에서 엄지를 세우고 손을 들고 있으면 봉사 정신이 투철한 사람이나 기사도 정신이 있는 사람들이 목적지를 확인하고 태워준다. 그러나 일상이 바쁘고 시간에 쫓기는 대도시 사람들이 자전거 히치하이크에 선뜻 응하기는 어렵다. 네덜란드는 남성과 여성 모두 키가 커서 뒤에 태우고 가려면 상당히 힘이 드는 것을 각오해야 한다.

1,700만 명의 인구에 2,000만 대의 자전거가 있는 네덜란드의 자전거 보급률(자전거 대수/인구수)은 120%이고 자전거의 운송 분담률은 30%다. 우리와 지형이 유사한 일본의 자전거 보급률은 70%, 운송 분담률은 15%다. 이에 비해 우리의 자전거 보급률은 10%, 운송 분담률은 2%로 매우 낮은 편이다. 서울 시내 일부 구간과 한강변, 신도시에 자전거 길과 무인 임대 자전거가 마련되고 있다. 서울은 워낙 차가 많은 대도시라 자전거를 타기는 쉽지 않지만 공공자전거와 자전거 길을 잘 활용하여 공해를 줄이고 교통 체증을 덜어주는 자전거 환경이 조성되기를 바란다.

세 번 하는
네덜란드 볼 키스

네덜란드 사람들은 다른 유럽 사람들처럼 친한 사람과 만나거나 헤어질 때 볼을 비비는 볼 키스 인사를 한다. 특별한 날이나 즐거운 모임에서 친밀하지 않더라도 아는 사람을 만나면 볼 키스를 한다. 신년을 축하하는 자리에 참석한 사람들은 서로 볼 키스를 하고 덕담을 주고받으며 신년을 맞는다. 볼 키스는 친밀감을 표현하는 이슬람문화에서 유래된 것으로 이슬람이 스페인을 지배하면서 당시 스페인에 전파되었고 이탈리아, 프랑스를 비롯한 남유럽과 슬라브 국가에 전해져 정착되었다. 볼 키스 인사는 이성 간, 여성 간, 그리고 어른과 아이 간에 하며, 간혹 아주 친밀한 남성 간에도 한다. 입술이 닿지 않게 살짝 볼을 비비며 입으로 쪽 하는 소리를 내고 간단한 인사말을 하면 된다. 볼 키스 인사를 하는 유럽의 모든 나라에서는 오른쪽과 왼쪽 볼에 한 번씩 두 번을 하지만 네덜란드에서는 오른쪽에 한 번 더하여 세 번을 한다. 네덜란드 사람과 볼 키스를 할 때는 두 번 볼을 접촉하고 물러서는 실례를 하면 안 된다.

네덜란드에는 헤젤릭Gezellig이라 부르는 독특한 문화가 있다. 헤젤릭은 '기분 좋은'의 의미를 가진 네덜란드어로 영어 'Cozy'와 유사한 개념이다. 상황을 부드럽고 즐겁게 만든다는 넓은 의미를 지닌다. 처음 만나는 사람 간에는 어색함을 허무는 아이스 브레이킹의 의미가 될 수 있고 아는 사람 간에는 차나 와인을 마시며 이야기를 나누는 편한 시간을 갖는다는 의미다. 이러한 헤젤릭 문화를 바탕으로 길에서 마주치는 사람과, 상점의 계산대에서 손님과 점원이, 식당이나 병원에서 차례를 기다리는 사람들도 자연스럽게 인사를 주고받는다. 유럽에 출장을 다니다 보면 남유럽 사람들은 다정다감하고 식사도 풍성하게 대접한다. 반면에 스칸디나비아와 핀란드가 속한 북유럽 사람들은 서로 인사도 하지 않고 과묵하며 손님이 와도 샌드위치 정도로 가볍게 대접한다. 기후나 지리적으로 북유럽으로 구분되는 네덜란드에서는 다른 북유럽 국가들과 달리 볼을 세 번 부딪히는 볼 키스를 하며 친밀감을 표현하고 헤젤릭 문화가 있을 정도로 오히려 남유럽에 가까운 정겨움을 느낄 수 있다.

동서양 모두 일반적인 인사법은 악수다. 악수는 중세 시대 처음 만난 상대에게 해칠 무기가 없음을 보여주기 위해 손을 내밀었던 것에서 유래했다고 한다. 누군가를 처음 만날 경우 상대방이 누군지 관계없이 악수로 인사하는 것이 보통이다. 그러나 악수의 원조 국가인 영국에서는 이성 간에는 여자가 남자에게 청하는 것이 관례이며 남성이 여성의 상급자이거나 연장자인 경우에는 남성이 여성에게 청할 수 있다. 악수는 상대방의 눈을 보고 미소를 지으며 인사말을 건네며 하는 것이 원칙이나 한국과 일본은 상대를 존중한다는 의미로 허리를 굽히고 고개를 숙이며 악수한다. 유럽에서 악수할 경우에는 마주 보고 유럽식으로 하면 되고 한국에서는 예의를 갖춘 한국식으로 하면 된다. 간혹 화장실 안이나 출구에서 아는 사람을 만나면 반갑다고 악수를 청하는 경우가 있는데 사람들은 이를 '골든 핸드셰이크Golden Handshake'라 하여 꺼린다. 여기서 'Golden'은 '금'이 아니라 노란색을 의미한다.

성인이 되어 부모로부터 독립한 네덜란드 자녀들도 새해를 맞이하면 부모를 찾아 정겹게 볼 키스 인사를 나눈다. 자신에게 헌신한 부모에 대한 공경심이 강한 우리나라 자녀들은 새해나 명절에 부모를 찾아 큰절로 세배하며 새해 인사를 드린다. 우리나라는 평소 사회생활에서도 동방예의지국답게 상대방을 존중하는 정중한 인사법이 있다. 연장자나 상급자에게 허리를 굽히고 고개를 숙여 인사하거나 악수하고 오랜만에 뵙는 웃어른께는 큰절을 올려 예의를 표한다. 결혼 후 폐백 의식에서는 신부가 전통의상을 입고 시부모님과 시댁 어른들께 큰절로 인사하며 새 식구가 되었음을 알린다. 가속하는 도시화와 핵가족화로 인해 새해나 명절에 가족이 모여 큰절로 정중하게 인사하는 미풍양속이 유지되기 어려워졌지만 부모와 웃어른을 공경하고 상대방을 존중하는 고유한 인사 문화를 보존하고 예의를 간직하기를 바란다.

간편하게 점심을 해결해주는
점심 버스

점심 버스Lunch Bus는 점심시간에 일정 지역을 순회하면서 빵, 음료 그리고 과일과 같은 간단한 점심용 먹을거리를 판매하는 버스다. 네덜란드 사람들은 점심 도시락을 싸오거나 점심 버스가 운행하는 지역은 점심 버스에서 구매한 점심거리 또는 회사에서 비치해놓은 빵과 치즈와 같은 간편한 음식을 회사 내 런치 바에서 먹는 것으로 식사를 해결한다. 구내식당을 운영하는 회사는 드물고 비즈니스 목적이 아니면 레스토랑에서 먹는 경우도 흔치 않다.

주로 치즈와 햄을 넣은 식빵 두세 개와 과일, 커피로 간단하게 점심을 먹는다. 점심시간에 모든 네덜란드 사람들은 마치 같은 메뉴로 간단하게 세팅된 군인들의 전투식량을 먹는다는 생각이 든다. 삶에 필요한 에너지를 얻기 위해 최적량을 섭취하며 자동차로 치면 연비가 높다고 할 수 있겠다. 우리가 보기에는 맛이 없을 것 같지만 네덜란드 사람들은 맛있는 음식이 많은 뷔페에서도 치즈를 넣은 빵을 먹으니 그들의 입맛에는 아주 맛있는 점심인 듯하다. 식사 후에 남는 음식 쓰레기도 없고 치울 때도 접시 한 개만 물에 헹구면 그만이다.

언젠가 유럽 손님과 한국 지방 사업장 인근의 한정식 집에서 식사를 한 적이 있다. 유럽 손님은 음식 가짓수에 놀라고 남는 양에 놀라고 버리는 것에 놀라서 세 번을 놀랐다. 한국에는 매년 음식 쓰레기가 500만 톤이 발생한다. 쓰레기가 되지 않는다면 20조 원의 가치로 국민 일인당 사십만 원어치이다. 처리 비용과 환경오염 문제는 별도다. 한국의 가정용 에너지 소비량은 세계 최고 수준이다. 요리할 때 끓이고 데우는 데 에너지가 많이 사용되기 때문이다. 음식 조리 시간도 길어 주부들의 인력도 낭비된다. 한 상 가득 차린 한식, 팔팔 끓인 뜨거운 국물, 야박하지 않아야 하는 인심, 그리고 적당히 남겨야 하는 체면의 음식 문화가 지급해야 하는 비용이 너무 크다. 우리의 고유한 음식 문화를 살리고 개선하면서 쓰레기가 남지 않는 건강식이자 맛있는 한식을 즐겼으면 좋겠다.

일상의 소박함에서 찾는
행복

네덜란드의 평범한 가정집의 커다란 창문 너머로 저녁 식사 후 담소를 나누며 따뜻한 분위기를 즐기는 모습을 보면 더할 나위 없는 행복함이 전해진다. 네덜란드 가정집의 창문이 큰 이유는 남에게 숨길 것 없는 정직한 삶을 살아야 한다는 종교적 신념과 궂은 날이 많아 햇볕을 잘 받기 위함이라고 알려져 있다. 네덜란드 사람들은 보통 저녁 여섯 시면 일터에서 돌아와 가정에서 시간을 보낸다. 한여름에는 낮이 길어 밤 열 시가 넘어야 어두워지지만 겨울에는 오후 다섯 시만 되어도 어두워져 일찍 거실의 불을 밝힌다. 주거지 주변에는 술집이 거의 없고 일터에서의 저녁 회식도 드물어 일과 후에는 스포츠 활동을 하거나 집에서 시간을 보낸다.

가정집의 조명은 밝은 형광등이 아니고 아늑한 분위기를 내는 전등이나 스탠드를 사용한다. 저녁시간은 보통 가족과 함께 보내지만 종종 친지나 친구, 이웃과 함께 시간을 보내기도 한다. 저녁 식사 후 가족이나 손님들과 함께 은은한 불빛 아래 맛있지만 간소한 먹을거리를 곁들여 와인이나 차를 마시며 담소를 나눈다. 이처럼 네덜란드 사람들은 아늑한 분위기 속에서 맛있는 다과를 곁들이며 가벼운 주제로 대화하고 친밀감을 느끼는 것을 행복해한다. 이 행복의 바탕이 되는 키워드는 아늑함과 사교성을 뜻하는 '헤젤릭하이드Gezelligheid'라는 단어로 거창하지 않은 사소한 의미를 지녔다.

국민 스스로 얼마나 행복함을 느끼는가가 반영되는 국민 행복도를 보면 북유럽 사람들의 행복도가 높다. 북유럽 국가인 덴마크나 스웨덴을 여행하다 보면 바람이 불고 비 오는 날이 많고 더욱이 겨울에는 일찍 어두워져 주거 지역은 고요하여 재미없다. 한 끼 식사도 든든하게 먹기 부담스러울 정도로 물가가 높아 환경이나 경제지표만으로는 왜 행복한지 이해하기 힘들다. 네덜란드도 사회보장제도가 잘되어 있어서 국민 모두가 편하게 살 것이라고 생각하지만 실업자에게도 무조건 실업 수당을 지급하는 것이 아니고 재취업을 위해 노력했는지를 철저히 확인하고 일정 요건을 충족해야만 실업 수당을 지급한다. 네덜란드를 포함한 북유럽 국가의 행복도가 높은 것은 일인당 소득이 높고 사회보장제도가 정착되어 있기도 하지만 국민 스스로 일상의 소소함에서 행복을 발견하고 느끼는 것도 주요한 요인이다.

나이가 들면서 더욱 느끼게 되지만 행복을 찾아가는 과정은 생각보다 어렵지 않다. 우리는 행복의 기준이 높고 행복을 찾는 데 많은 노력과 비용이 수반된다고 생각하지만 그렇지 않다는 것을 때때로 깨닫게 된다. 파란 하늘 아래에서 즐겁게 산책하는 것, 맛있는 음식을 나누며 대화를 나누는 것, 건강한 몸으로 일할 수 있는 것처럼 평범한 일상에서 얼마든지 행복을 찾을 수 있다. 항상 큰 기대를 품고 큰 행복만을 추구하면 소소한 일상에서 얻을 수 있는 행복을 놓치게 된다. 일상의 소박함과 아늑함에서 행복을 느낄 수 있다면 행복한 기분과 분위기가 가족과 주위 사람들에게도 전달되어 일상의 행복이 전파될 것이다.

네덜란드에 묻다, 행복의 조건

ⓒ 김철수, 2018, Printed in Seoul, Korea

초판 1쇄 펴낸날 2018년 7월 11일
초판 2쇄 펴낸날 2018년 8월 14일
지은이　　김철수
펴낸이　　한성봉
편집　　　안상준 · 하명성 · 이동현 · 조유나 · 박민지
디자인　　전혜진 · 김현중
마케팅　　박신용 · 강은혜
기획홍보　박연준
경영지원　국지연
펴낸곳　　스토리존
등록　　　2015년 8월 11일 제2017-000039호
주소　　　서울시 중구 소파로 131 [남산동3가 34-5]
페이스북　www.facebook.com/dongasiabooks
전자우편　dongasiabook@naver.com
블로그　　blog.naver.com/dongasiabook
인스타그램　www.instagram.com/dongasiabook
전화　　　02) 757-9724, 5
팩스　　　02) 757-9726

ISBN　　　979-11-88299-03-4　03920

이 도서의 국립중앙도서관 출판예정도서목록(CIP)은
서지정보유통지원시스템 홈페이지(http://seoji.nl.go.kr)와
국가자료공동목록시스템(http://nl.go.kr/koilsnet)에서
이용하실 수 있습니다.(CIP제어번호: CIP2018019783)

스토리존은 동아시아 출판사의 어린이/청소년/실용 브랜드입니다.

잘못된 책은 구입하신 서점에서 바꿔드립니다.

만든 사람들

편집 김민영
디자인 정해진 onmypaper